LEMURIA

Ein Blick auf den anderen versunkenen Kontinent

von

Roland M. Horn

Autor: Roland M. Horn Text und Idee

1. Auflage 2021

Hinweis:
Alle Zitate, die in der alten deutschen Rechtschreibung gehalten waren, wurden durch den Autor in die neue deutsche Rechtschreibung konvertiert.

Herausgeber – Distributed 2021 Copyright

Carl Gerber Verlag GmbH
Lilienthalstraße 19

85296 Rohrbach

ISBN: 978-3-87249-391-0

Artikelnummer 1099

Bibliografische Information der Deutschen Nationalbibliothek: Die Deutsche Nationalbibliothek verzeichnet diese Publikation in der Deutschen Nationalbibliografie; detaillierte bibliografische Daten sind im Internet über http://dnb.dnb.de abrufbar.

INHALTSVERZEICHNIS

DER AUTOR

Roland M. Horn

Liebe Leserin, lieber Leser,

seit meiner Jugendzeit bin ich am „Atlantis-Thema“ interessiert. Ich bin Herausgeber des Internet-Projekts *„Atlantisforschung.de“* und habe bereits drei Bücher zu diesem Thema geschrieben. Nach "Das Erbe von Atlantis" wurde "Erinnerungen an Atlantis" ein Erfolg und "Atlantis – Alter Mythos – Neue Beweise" fand ebenfalls Zuspruch.

Beim vorliegenden Buch geht es nun um den anderen versunkenen Kontinent – Lemuria. Dieser Kontinent – oft auch "Mu" genannt – soll einst im Pazifischen Ozean bzw. im Indik gelegen haben und dann untergegangen sein. Um die beiden eben genannten Begriffe gibt es oft Verwirrung. "Mu" wurde ursprünglich eher von Esoterikern und aus der Mythologie heraus als einst im Pazifik liegender Kontinent verstanden, während "Lemuria" ursprünglich ein naturwissenschaftlicher Ansatz war. Heute sind die Linien verschwommen.

Im vorliegenden Buch werden die verschiedenen Facetten dieses Themas aufgegriffen und angegangen. Wir betrachten die Frage, ob Otto H. Muck – einer der größten Atlantis-Forscher – vielleicht "aus Versehen" auch Lemuria entdeckt hat, dessen einzige Existenz er selbst jedoch kategorisch ablehnte, begeben uns auf die geologischen und archäologischen Spuren von Lemuria und gehen anderen Hinweisen auf einen verlorenen Kontinent im Indik und Pazifik nach und ziehen ein Resümee.

Rohrbach, im Juni 2021

Roland M. Horn

WIDMUNG

ZUR ERINNERUNG AN BERNHARD BEIER

Bernhard Beier

Am 03.02.2021 wurde ich überraschend darüber informiert, dass mein Freund und bis zu seinem Tode Redaktionsleiter seines Lebenswerks *„Atlantisforschung.de"* am 29.01.2021 überraschend verstorben ist.

Der 1960 in Krefeld geborene Bernhard Beier war ein vielfältiger Mensch: Als Geschichtsstudent, Journalist bei einer Tageszeitung, langjähriger Akteur in der antiautoritären Bewegung, Sänger in mehreren Amateur-Rockbands und später Marketingleiter bei Unternehmensgruppen und schließlich selbständiger Marketer für kleine und mittelständische Unternehmen sowie für Verbände, führte er ein buntes Leben, das von zahlreichen Bildungsreisen untermalt war, doch sein Vermächtnis ist zweifellos *„Atlantisforschung.de"*, wo er seiner Profession, der Atlantisforschung, Gigantologie und alternativen Ur- und Frühgeschichtsforschung ausgiebig nachkam.

Erstmals Anfang dieses Jahrtausends kam ich mit Bernhard Beier in Kontakt. Claudia Wend und er wollten ein großes, immer wachsendes, unkommerzielles und somit für jeden, der über einen Internetaschluss verfügt, zugängliches Online-Atlantisforschungsportal auf die Beine stellen und baten mich, bei dem Projekt mitzumachen. Unter Bernhards Federführung entstand ein – man übertreibt nicht, wenn man sagt – Mammutprojekt, das auch nach dem Ausscheiden von Claudia Wend unbeirrt weiterlief. Man kann ohne Übertreibung sagen, dass Bernhard nahezu 95 % der Beiträge auf *„Atlantisforschung.de"* selbst verfasst hat.

Auf dem Treffen "10 Jahre Ancient Mail" am 10. April 2010 in Kamp-Lintfort lernte ich Bernhard persönlich kennen, aber schon vorher telefonierte ich, wie danach auch, im Schnitt mindestens jeden dritten Tag mit ihm.

Als ich wegen politischer Äußerungen im Internet einem gewaltigen Shitstorm ausgesetzt war, war es ausgerechnet Bernhard, dessen politische Einstellung sich wahrlich von der meinen unterschied, der Beistand und Trost spendete, während andere sogenannte Freunde kräftig in den Shitstorm mit einstimmten und manche sogar Öl ins Feuer gossen. Ganz anders Bernhard! Das werde ich niemals vergessen!

Eines von Bernhards Lieblingszitaten war "Die Wissenschaft fängt eigentlich erst da an interessant zu werden, wo sie aufhört" (Justus von Liebig). Nun hat er seine letzte Reise, diesmal ohne Rückfahrschein, dahin wo die Wissenschaft aufhört angetreten.

Ich werde ihn und die vielen Telefonate mit ihm nie vergessen.

VORWORT VON BERNHARD BEIER

Ende der 1960er Jahre bemerkte der herausragende sowjetische Atlantisforscher Dr. Nikolai Feodosjewitsch Zhirov (1903 - 1970) die Unwilligkeit der meisten universitären Wissenschaftler, sich ernsthaft und unvoreingenommen mit dem Atlantisproblem auseinanderzusetzen. Dies sei einerseits „Konservativismus und Hyper-Kritizismus" geschuldet und basiere zudem auf „geringer Datenlage und den theoretischen Vorstellungen einer einzelnen Fachwissenschaft oder sogar nur einer Schule von Forschern". Nicht zuletzt machte er aber auch die „esoterische Legende" um Atlantis, d.h. die Quasi-Vereinnahmung des Themas durch Esoteriker jedweder Couleur, als Grund für die geringe Bereitschaft zu einer ergebnisoffenen und nicht paradigmenfixierten Erforschung des Atlantis-Rätsels aus.

Wenn diese Feststellung zweifellos schon in Hinsicht auf Atlantis zutreffend ist, so ist sie es umso mehr, wenn wir sie auch auf die Erforschung des Problems der legendären versunkenen Uralt-Kulturen des Pazifiks und Indischen Ozeans anwenden, die der Verfasser dieses Vorworts zusammenfassend als „Le (Mu)ria-Komplex" zu bezeichnen pflegt. Dass es nicht nur unter Wissenschaftlern im universitären Bezirk, sondern auch bei vielen außenseiterischen Privatforschern als geradezu unschicklich gilt sich allen Ernstes mit diesem Problemkreis zu befassen, liegt jedenfalls zuallererst an genau jenen Gründen, die Zhirov vor einem halben Jahrhundert bezüglich der Ablehnung jedweder Betrachtung des Atlantisproblems nannte, die das sagenhafte Inselreich nicht als Erfindung Platons einstuft.

Gerade die Auswirkungen der „Esoterisierung" des Umgangs mit besagtem ‚Le(Mu)ria-Komplex' spielen eine zentrale Rolle, was die in Bausch und Bogen erfolgende Total-Ablehnung dieses durchaus vielschichtigen Themenbereichs in nahezu der gesamten Scientific Community sowie unter den meisten ForscherInnen des Spektrums der, wie man heute sagt, Citizen Science betrifft. Während sich die – in die akademische Diaspora gedrängte – Atlantisforschung seit der Wende vom 19. bis 20. Jahrhundert unter Beteiligung nicht weniger professionell ausgebildeter Natur- und Geisteswissenschaftler zumindest als außenseiterisches Forschungsgebiet abseits offizieller Forschung und Lehre etablieren konnte, kann von einer ähnlich umfassenden, systematisch betriebenen „Le(Mu)ria-Forschung" noch kaum die Rede sein. Zu sehr stecken die kitschigen, „gechannelten Postkartenbilder" eines lemurischen Märchenlands voller Kristallpaläste, Astralwesen und phantastischer Technologie, die esoterische Autoren in den vergangenen Jahrzehnten verbreitet haben, in den Köpfen der allermeisten Menschen fest. Literatur mit einem anderen, rationaleren Ansatz, die solchen Phantasmen überprüfbare Forschungs-Resultate entgegensetzen kann, ist dagegen (gerade im deutschsprachigen Raum) rar gesät.

Das vorliegende Buch von Roland M. Horn, zu dem der Verfasser dieses Vorworts – was ihn freut und auch ehrt – eine ganze Reihe seiner eigenen Studien- und Recherche-Ergebnisse beisteuern durfte, stellt daher einen hierzulande längst überfälligen Einstieg in die Le(Mu)ria-Problematik aus explizit grenzwissenschaftlichem Blickwinkel dar, freilich ohne den kulturell relevanten Bereich der Esoterik und auch speziell die ideologische Vereinnahmung des Themas durch weltanschauliche Sektierer völlig auszublenden. Im Wesentlichen bietet diese Arbeit jedoch eine interdisziplinär strukturierte Untersuchung, welche geologische, mythologische und archäologische Aspekte der Annäherung an die Frage nach der vormaligen Existenz verschollener vorzeitlicher Kulturen im Großraum des „Stillen

Ozean" liefert und die dabei gewonnenen Ergebnisse synthetisiert. Sie lehnt sich also in weiterentwickelter Form an die in der modernen nonkonformistischen Atlantisforschung entwickelte Systematik an, wie sie der schottische Mythologe Lewis Spence 1932 in seinem Werk „The Problem of Lemuria" auch für diesen neuen Forschungszweig eingeführt hat.

Auch wenn darin – dem derzeitigen, noch recht bescheidenen Forschungsstand geschuldet – keine absoluten Aussagen zum bzw. Lösungen des Le(Mu)ria-Problem/s präsentiert werden können und sollen, vermag Roland M. Horns Buch einem interessierten Publikum alle grundlegenden Informationen zu diesem faszinierenden Thema sowie die Mittel an die Hand zu geben, um dazu selber weitergehende Studien zu betreiben. Jedenfalls wird es, wie anzunehmen ist, künftig zumindest die außeruniversitäre, alternative Erd-, Menschheits- und Zivilisations-Geschichtsforschung zunehmend beschäftigen. Schließlich legen insbesondere die Forschungsergebnisse moderner Diffusionisten, die sich mit anzunehmenden interkontinentalen Kulturkontakten alter und ältester Völker rund um den Globus befassen, in immer stärkerem Maße die Annahme nahe, dass bereits am Ende der jüngsten Eiszeit seefahrende Kulturen existierten, welche zwischen der sogenannten „Alten" und der „Neuen Welt" Verbindungen herstellten. Bei diesen Überlegungen den gewaltigen pazifischen Großraum zu ignorieren oder gar auszuschließen, wäre, mit Verlaub gesagt, eine Torheit.

EINLEITUNG

Wenn wir von einem „versunkenen Kontinent“ hören, denken wir meist unwillkürlich an Atlantis. Doch je mehr wir uns mit diesem Thema beschäftigen, desto mehr stoßen wir auf einen zweiten „untergegangenen Kontinent“, der meist „Lemuria“ genannt und nicht selten als „verlorenes Paradies“ oder „Land des goldenen Lichtes“ bezeichnet wird. Manchmal wird dieser Kontinent auch mit dem weniger poetisch klingenden Namen „Mu“ belegt.

Nicht zuletzt anhand der Recherchen des wohl besten Atlantis- und Le(MU)ria-Forschers und -Kenners in Deutschland, Bernhard Beier, der das von mir herausgegebene Portal *„Atlantisforschung.de“* als Chefredakteur betreut und unzählige Artikel dort veröffentlicht hat, werden wir uns dem „Le(MU)ria-Problem“ annähern.

So werden wir anhand seiner Forschungen feststellen, dass es zwei verschiedene Ursprünge für die Begriffe „Lemuria“ und „Mu“ gibt. Während der Begriff „Mu“ in zahlreichen Überlieferungen vorkommt und im Pazifik verortet wird, wurde der Name „Lemuria“ erst in der Neuzeit eingeführt, um (u. a.) das gleichzeitige Vorkommen der Feuchtnasenaffen namens Lemuren in Madagaskar und vereinzelt auch in Indien mittels einer Landbrücke dieses Namens zu erklären. Wie wir heute wissen, ist die Annahme einer ehemaligen Existenz dieser Landbrücke aufgrund der heute weitgehend anerkannten Theorie von der Plattentektonik nicht mehr notwendig. Aber vielleicht gab es ja doch einen verlorenen Kontinent im Indischen Ozean – Lassen Sie sich einfach überraschen ...

Ich selbst habe, wie Sie später lesen werden, eine These zur Existenz von Mu (oder wenn Sie so wollen von Lemuria, das manchmal mit dem im Pazifischen Ozean gelegenen verlorenen Kontinent „Mu" gleichgesetzt wird) im Pazifischen Ozean aufgestellt, die auf den Entdeckung des Geologie-Experten Otto Heinrich Muck basiert, der selbst die einstige Existenz von Lemuria – sei es im Pazifik oder im Indik – strikt ablehnte ...

Bernhard Beier plädiert vehement für die grenzwissenschaftliche Lemuria-Betrachtung und begab sich in diesem Sinne auf die geologischen, ozeanographischen und archäologischen Spuren des geheimnisvollen ehemaligen Kontinents, die wir im Rahmen dieses Buches präsentieren.

Wir werden weiter feststellen, dass es in sehr weit auseinanderliegenden Gebieten Hinweise auf einen verlorenen Kontinent bzw. verschiedene Mikrokontinente gibt, auf deren Basis wir Schlüsse ziehen müssen und auch werden.

Selbstverständlich kommen wir auch auf die verschiedenen esoterischen Gruppen zu sprechen, die dieses Thema für sich vereinnahmt haben. Hier sind Bernhard Beier und ich in der Beurteilung nicht immer einer Meinung ...

Ich wünsche Ihnen viel Erkenntnis und Inspiration beim Lesen dieses Buches.

IST DIE ALTERNATIV-PRÄHISTORISCHE BESCHÄFTIGUNG MIT „LE(MU)RIA" SINNVOLL?

Wenn wir nach dem angeblich versunkenen „Urkontinent" Lemuria suchen, müssen wir uns zuerst fragen, ob sich die Frage zu diesem Thema überhaupt lohnt, weil viele – allen voran die Mainstream-Wissenschaft – die ehemalige Existenz eines solchen Kontinents vollkommen ablehnen, nicht zuletzt deswegen, weil es unerklärlich scheint, wie ein solcher Superkontinent untergehen konnte.

Der Chefredakteur der Website *„Atlantisforschung.de"*, Bernhard Beier, hat in seinem Artikel „Die prähistorische Welt des ‚Stillen Ozeans'" auf der Seite

http://atlantisforschung.de/index.php?title=Die_pr%C3%A4historische_Welt_des_%27Stillen_Ozeans%27

und zahlreichen Folgeseiten diesen vielbelächelten Diskussionsgegenstand einer gründlichen Betrachtung unterzogen. Er ist diesem Thema nachgegangen, indem er fragt: „Ist die alternativprähistorische Beschäftigung mit „Le(Mu)ria" sinnvoll und legitim oder verschwendet man lediglich wertvolle Zeit damit?"

Neben dem im Atlantik versunkenen Kontinent Atlantis hört man nämlich hier und dort auch von einem angeblich im Pazifischen Ozean versunkenen Kontinent, der meist „Mu" oder „Lemuria" genannt wird.

Ursprünglich wurde die Bezeichnung „Lemuria" für eine hypothetische Landbrücke zwischen dem heutigen Indien und Madagaskar verwendet. Der Geologe Philip Sclater „erfand" den

Begriff Lemuria. Doch bereits vor der Benennung dieser vermeintlichen Landbrücke im Indischen Ozean war ihre Existenz schon vom Biologen Ernst Haeckel, dem Paläontologen Melchior Neumayr und weiteren Geologen vermutet worden. Die Landbrücke schien notwendig, um die merkwürdige Verbreitung der Halbaffen namens Lemuren zu erklären. Diese leben nämlich nur in Madagaskar und Vorderindien. Allerdings besagt die heute allgemein anerkannte Theorie der Plattentektonik, dass Madagaskar einst von Indien abgetrennt wurde. Somit wurde für die (Mainstream-) Wissenschaft die Existenz dieser Landbrücke verworfen, eben weil sie für die Verbreitung der Lemuren nicht mehr notwendig war. Die Theosophische Gesellschaft nahm sich allerdings später des Begriffs an und lehrte im 19. und 20. Jahrhundert die Existenz einer den Indischen Ozean ausfüllenden Landmasse, wobei hierfür der Name „Lemuria“ übernommen wurde.

Die Bezeichnung „Mu“ steht heute vor allem für einen legendären versunkenen Kontinent im Pazifik. Zum ersten Mal tauchte die Vorstellung von einem solchen Kontinent jedoch im 19. Jahrhundert in Bezug auf den Atlantischen Ozean auf. Der Selfmade-Archäologe Augustus Le Plongeon (1825 - 1908), der besonders durch seine Forschungen über die Maya bekannt wurde[1], übersetzte alte Maya-Aufzeichnungen und nach seiner Übersetzung war dort davon die Rede, dass die Maya-Zivilisation älter als die

---

[1] Anmerkung: Augustus Le Plongeon war, wie Lyon Sprague de Camp festhielt, der erste Archäologe, der systematische Ausgrabungen von Maya-Ruinen auf der Halbinsel Yucatán vornahm.

Zivilisationen der Ägypter und der Atlanter sei. Letztere soll durch Überlebende des Untergangs von Mu gegründet worden sein. Bei Wikipedia ist die Rede von „angeblichen Übersetzungen“ und einem „Phantasieprodukt Le Plongeons“. Seine Übersetzungen wurden tatsächlich unter vollkommen falschen Voraussetzungen vorgenommen und sind somit wertlos, heißt es da.

Die Vorstellung einer versunkenen Landmasse namens „Mu“ im Pazifischen Ozean wurde erst einige Jahrzehnte später durch den Archäologen James Churchward (1851 - 1936) eingeführt, der mehrere Abhandlungen und Bücher darüber schrieb. Nachdem bereits Churchwards pazifisches Mu-Szenario okkultistische Elemente enthielt, wurde dieses Thema später vor allem von Autoren aus dem Bereich der Esoterik aufgenommen, was einer ernsthaften Rezeption[2] durch die empirische Forschung[3] nicht gerade förderlich war, meint Beier.

Trotz alledem sind die Begriffe „Mu“ und „Lemuria“ weiterhin aktuell, und es scheint tatsächlich Hinweise dafür zu geben, dass im Pazifik einst verschiedene Gebiete durch Landbrücken verbunden waren.

---

[2] Rezeption bedeutet „Auf-, Übernahme fremden Gedanken-, Kulturguts“

[3] Empirische Forschung bedeutet wissenschaftliche Erfahrungen machen. Die „empirische Forschung“ ist demnach die „wissenschaftliche Methode“, die durch systematische Erhebung, Auswertung und Interpretation von Daten Erkenntnisse gewinnt und Aussagen über die Realität zulässt.

So verweist der Autor Walter-Jörg Langbein in seinem Buch *„Das Sphinx-Syndrom“* (München 1995) auf die Naturwissenschaftler Alfred Wallace und Thomas Huxley, die davon überzeugt waren, dass die heutigen Einwohner Ozeaniens Nachkommen einer versunkenen Landmasse im Pazifik sind. Die Marquesas-Inseln, die Fidschi-Inseln sowie Samoa und Tonga sollen Überbleibsel dieses Kontinents sein. Langbein erwähnt offene Fragen, die mit der These von einem Kontinent im Südpazifik gelöst werden könnten. So steht die Frage im Raum, warum auf den Marquesas-Inseln Süßwasserfische der Gattung Halaxis existieren, die es auch in Neuseeland gibt. Ein Meer trennt die Marquesas-Inseln von Neuseeland und folglich können sich die nur Süßwasser vertragenden Fische nicht über diesen Weg ausgebreitet haben. Wenn diese beiden Gebiete einst durch trockenes Land verbunden waren, könnten sie sich jedoch über Flüsse verbreitet haben.

Frösche, kleinere Schlangen und Echsen gedeihen auf den durch Meerwasser getrennten Fidschi-Inseln, obwohl auch sie kein Salzwasser vertragen. Hier bietet wiederum die Landbrücken-Theorie eine Lösung, ebenso wie die Frage, wie Schlangen von Samoa nach Tonga gelangt sind. Doch damit nicht genug, Spinnen-, Mollusken-, Schmetterlings- und Wurmarten, die für Amerika und Asien typisch sind, leben auf den Inseln Ozeaniens. Auf den Hawaii-Inseln wachsen Pflanzen, die für Nordamerika, Australien, Südamerika, Indonesien und Polynesien charakteristisch sind.

Wir können folglich konstatieren, dass es tatsächlich einen „Anfangsverdacht“ gibt, der die Suche nach Lemuria rechtfertigt.

LEMURIA UND MU

In der esoterischen aber auch in der atlantologischen Literatur erklärt Beier *(Eine notwendige Randnotiz zur Herkunft des Namens ‚Lemuria'* auf

http://atlantisforschung.de/index.php?title=Eine_notwendige_Randnotiz_zur_Herkunft_des_Namens_%27Lemuria%27),

dass bezüglich ‚Lemuria' bisweilen zu Unrecht vorausgesetzt wird, es handele sich bei dieser Bezeichnung um einen alten – oder sogar Uralten Forschung desNamen. So stellte etwa die Autorin Katherine Folliot 1984 in ihrem Buch „Atlantis Revisited" (H & B Publications, 1984) folgende etymologische Ausdeutung des Begriffs „Lemuria" vor:

> „Verschiedene Atlantologen haben behauptet, dass Lemuria nichts anderes gewesen sei als die verlorene Insel Atlantis und auch wenn ihre Theorie allgemein für abstrus gehalten wurde, so könnte sie doch sehr wohl auf echten Fakten basieren. Das Wort Lemuria ist eine Verfälschung des arabischen Wortes ‚al amur', das ‚der Westen' oder ‚das westliche Land' bedeutet, und man darf vermuten, dass dies der Name war, den mittelalterliche arabische Gelehrte dem ‚westlichen Land' gegeben haben, das in den erhaltengebliebenen ägyptischen Archiven in Alexandria erwähnt wurde, und von dem es heißt, es sei im Meer versunken.
>
> Als Arabien am Ende des Mittelalters seine kulturelle Vorherrschaft verlor, wurde ‚al Amur' zu ‚Lemur' deformiert und später zu ‚Lemuria', doch das mit diesem inakkuraten Namen bezeichnete Land war aller Wahrscheinlichkeit nach dasselbe wie jenes, welches Solon von den ägyptischen Priestern zu Sais als das ‚westliche Land' von Atlantis beschrieben wurde."

(*Quelle*: Katherine Folliot, „Atlantis Revisited", zit. nach: Tony O'Connell, Atlantipedia.ie, unter:

http://atlantipedia.ie/samples/lemuria/

(Übersetzung ins Deutsche durch *„Atlantisforschung.de"*; abgerufen: 06.07.2012)

Nun mögen, wie Beier meint, das Arabische und seine alten, zum Teil in Vergessenheit geratenen geographischen Begriffe zwar in mancher Hinsicht für die Atlantisforschung von erheblicher Bedeutung sein, aber in Bezug auf Namensgebung und Wortbedeutung von „Lemuria" (im Indischen Ozean oder im Pazifik) sei es vollkommen irrelevant. Hierzu merkt Beier an: „Wir dürfen allerdings in der Tat – Folliots Hinweis folgend – darüber nachdenken, ob ‚al amur'/ ‚Alamuria' / ‚Lemuria' womöglich als alternative arabische Bezeichnung für ein westliches ‚Atlantis' infrage kommt. Dazu müssten jedoch Kenner der frühen Literatur Arabiens befragt werden." Beier stellt in seinem Artikel fest, dass es sich bei dem Begriff „Lemuria" tatsächlich um einen echten Neologismus, ein neues Wort bezüglich ein mit neuer Bedeutung verwendetes Wort innerhalb einer Sprachgemeinschaft, handelt, der erst 1864 vom britischen Juristen und Zoologen Philip Lutley Sclater eingeführt wurde. Bei der Wahl seiner Bezeichnung für den vermuteten Urzeit-Kontinent nahm Sclater gezielt Bezug auf die Tierart der Lemuren (Lemuriformes), deren transozeanische Verbreitung er mit dem vormaligen Vorhandensein einer weiteren großen Landmasse erklären wollte. Der Name dieser „Halbaffen" leite sich jedoch nicht vom arabischen Wort für „Westen" ab, sondern von den Lemures, den römischen Totengeistern, und spielt sowohl auf ihre Nachtaktivität und die von ihnen ausgestoßenen „unheimlichen" Rufe als auch auf ihre markanten Gesichter mit sehr großen Augen an, die sie „geisterhaft" erscheinen lassen.

Über die „nächtlichen Schadensgeister", denen „Lemuria" letztlich seinen Namen verdankt, bemerkt Lestat de Lioncourt (Pseudonym): Lemures „... wurden in der Antike (Römer, Latiner) bösartige Schreckgespenster, numinose Elementale oder Hauchwesen von Verstorbenen genannt, die in späteren Überlieferungen auch als Wiedergänger, also umhergehende Tote, verstanden wurden. In der Mythologie finden wir auch andere Namensdeutungen, wie Larven, Maren oder Manen, wobei letztere als gutartige, segensreiche Beschützer von Familie und Heim gelten. Ihnen wird nachgesagt, dass sie vorwiegend im Monat Mai aktiv werden, um ihre Nachkommen und Verwandten zu plagen, denn nach den Legenden über sie handelt es sich um einst verderbliche, ruchlose Seelen, die zu Lebzeiten schändlichste Taten begangen und aus diesem Grund nicht beigesetzt wurden, wie es die traditionelle Sitte gebot.

Ihnen zu Ehren wird am 9. November sowie am 13. Mai das Fest Lemuria gefeiert (n. Ovid)[4], in der Hoffnung, diese Rachegeister zu besänftigen. Ging man davon aus, dass eine verstorbene Person eventuell zu einem Lemuren mutieren könne, war es unter den Römern üblich, rings um die Grabesstätte schwarze Bohnen zu verbrennen, um so der Wiederkehr Einhalt zu gebieten, denn die verbrannte Saat stank beim Verbrennungsprozess erbärmlichst. Die einzige Möglichkeit, einen bereits aktiven Lemuren zu vertreiben, der bereits die anliegende Nachbarschaft heimzusuchen begann, bestand darin, ihn mittels lautem Trommelgetöse

---

[4] S. dazu: https://en.wikipedia.org/wiki/Lemures

zu vertreiben, da sie als hellhörig und besonders geräuschempfindlich gelten. Man unterscheidet zweierlei Kategorien von Lemuren, die gutgesinnten Lares und das negative Pendant, die Larvae."

(Beier nach *Quelle:* Lestat de Lioncourt, „Lemuren", Lexikon der Elementargeister und Dämonen K-O, bei: Dämonenwelt-Forum (abgerufen am 06.07.2012)

Nun aber zurück zum Begriff Lemuria, der tatsächlich eine moderne Neuschöpfung ist, während der Begriff „Mu" *keine* neue Erfindung ist. Vielmehr haben wir Grund zur Annahme, dass es sich dabei tatsächlich um eine uralte Bezeichnung handelt, die Hinweise auf eine verschollene Kultur oder ein „versunkenes'" Land liefern könnte, wie Beier vollkommen zu Recht annimmt:

> „Mu ist der Name eines (vermuteten) versunkenen ‚Kontinents' bzw. einer Großinsel, die einst Sitz einer primhistorischen Ur- oder ‚Mutter'-Kultur der Menschheit gewesen sein soll. (s. „Mu" auf
>
> *http://atlantisforschung.de/index.php?title=Mu).*
>
> In der westlichen, alternativ-historischen Literatur findet sich der Name ‚Mu' zuerst bei Augustus Le Plongeon (1826 - 1909), der 1896 in seinem Buch „Queen M'oo and the Egyptian Sphinx" angibt, dies sei der Name eines vor Jahrtausenden im Atlantik versunkenen Inselkönigreiches gewesen.
>
> Colonel James Churchward (1851 - 1936), der mit A. Le Plongeon persönlich befreundet war, präsentierte wenig später in insgesamt vier Bänden ein Modell, demzufolge Mu im Pazifischen Ozean lag. Wie Le Plongeon ging auch Churchward davon aus, das mittelamerikanische Volk der Maya stamme von Überlebenden der Mu-Katastrophe ab, wobei sie sich beide bei ihrer diesbezüglichen Argumentation auf alte Maya-

Texte stützen. Da sich ihre Übersetzungen dieser Texte – insbesondere die von Churchward – auf frühere und völlig mangelhafte linguistische Ansätze von Diego de Landa (1524 - 1579) und Charles Étienne Brasseur de Bourbourg (1814 - 1874) verließen, die sich später als zumeist völlig unhaltbar herausstellten, wurden ihre Hypothesen von den meisten Maya-Forschern und Alt-Amerikanisten vehement zurückgewiesen. Zudem geriet das Theorem versunkener Kontinente und Ur-Kulturen in den folgenden Jahrzehnten infolge wissenschaftlicher Paradigmenwechsel, also dem Wechsel von einer wissenschaftlichen Grundauffassung zu einer anderen, mehr und mehr in Misskredit.

Während A. Le Plongeons Modell eines atlantischen **Mu** bald wieder dem Vergessen anheimfiel bzw. von anderen Atlantis-Theorien aus dem atlantologischen Diskurs verdrängt wurde, genoss Churchwards pazifisches Mu weiterhin eine gewisse Popularität – „allerdings fast ausschließlich in esoterischen Kreisen, die das Thema Lemuria/Mu für sich vereinnahmten."

Nach wie vor werden Beier zufolge Churchwards Werk und das „Le(*Mu*)ria-Problem" in der schulwissenschaftlichen Literatur nicht ernst genommen, wogegen sich im Bereich der grenzwissenschaftlichen Fachliteratur zur Primhistorik – ein (schulwissenschaftlich nicht anerkanntes) Feld im Rahmen alternativer Menschheits-, Zivilisations- und Urgeschichtsforschung, das sich schwerpunktmäßig mit der Frage befasst, ob bereits lange vor den bisher entdeckten Frühkulturen entwickelte Gesellschaften (Hochkulturen, Zivilisationen) menschlicher oder auch vor- bzw. nichtmenschlicher Natur – auf der Erde existiert haben – und Atlantologie eine „Trendwende" abzuzeichnen scheint. Entscheidend beigetragen zu diesem neu erwachenden Interesse an der Prä- und Primhistorie im Großraum des Indischen und

Pazifischen Ozeans hätten sicherlich die diversen archäologischen Entdeckungen der vergangenen Jahrzehnte (z.B. Dwaraka (s. Beier: Versunkene Städte Indiens – Dwaraka, die Goldene Stadt auf

http://atlantisforschung.de/index.php?title=Versunkene_ St%C3%A4dte_Indiens_-_Dwaraka%2C_die_Goldene_Stadt),

Mahabalipuram (s. Beier:

http://www.atlantisforschung.de/index.php?title=Versunkene_St%C3 %A4dte_Indiens_-_Mahabalipuram

auf

http://www.atlantisforschung.de/index.php?title=Yonaguni_- _Le(Mu)rias_Spuren_vor_Japans_K%C3%BCsten%3F

Yonaguni (s. Beier: Yonaguni - Le(Mu)rias Spuren vor Japans Küsten? auf:

http://atlantisforschung.de/index.php?title=Yonaguni_-_Le%28 Mu% 29rias_Spuren_vor_Japans_K%C3%BCsten%3F),

die ein verstärktes Interesse der alternativen „Forscher-Szene" an den Mythen und Legenden der dort lebenden Völker mit sich brachte und zu der Erkenntnis führten: Der Name Mu und die Vorstellung versunkener Landmassen im Pazifik sind keneswegs Erfindungen von James Churchward, sondern Teil der ältesten Überlieferungen der dortigen Kulturen, wie Beier zutreffend feststellt.

In seinem Artikel „James Churchward und das versunkene Mu" auf

http://atlantisforschung.de/index.php?title=James_Churchward_ und _das_versunkene_Mu sagt Beier, dass das Werk von Churchward eindeutig zu den Grenzfällen zwischen alternativ-historischer und esoterischer Beschäftigung mit dem „pazifischen Atlantis" gehöre. Churchwards Mu war eine kontinentale, zentral-pazifische Landmasse, die vor etwa 13.000 Jahren bei der globalen Katastrophe unterging, die auch Atlantis ein Ende bereitete. Bei näherer Betrachtung erweist sich Churchwards über lange Jahre hinweg betriebene Forschung Beiers Meinung nach leider in vielen Bereichen als wenig beispielhaft für heutige grenzwissenschaftliche Arbeit. Vieles, was uns Churchward in seinen Veröffentlichungen präsentiert hat, sei wenig glaubwürdig oder letztlich nicht überprüfbar, seine Argumentation sei häufig äußerst mangelhaft und manches, was er von sich gab, falle in den Bereich okkulter Spekulation. So beruft sich Beier auf J. B. Hare, der schreibt:

> „Churchwards Mu-Theorie hat nicht einmal im Ansatz die Glaubwürdigkeit von Atlantis. Zum einen ist seine wissenschaftliche [Grundlage] absurd. Der Pazifik scheint seit Milliarden [sic!; bb] von Jahren frei von irgendwelchen großen Landmassen gewesen zu sein.
>
> Tatsächlich könnte das Pazifik-Becken die Stelle markieren, an der der Mond aus der Proto-Erde gerissen wurde [sic!; bb]. Die Korallen-Atolle, welche den Pazifik überziehen, hatten Millionen von Jahren Zeit, sich ungestört zu entwickeln. Und der Pazifik-Raum war eines der letzten Gebiete auf dem Planeten, die von Menschen besiedelt wurden; dies ist durch linguistische Evidenzen, und die wohl-dokumentierten mündlichen Überlieferungen bewiesen, welche die Geschichte der polynesischen Migrationen beschreiben."(J. B. Hare, Vorwort zur freien Online-Fassung von James Churchwards „The Sacred Symbols of Mu" (1933), bei SACRED TEXTS, unter
>
> *http://www.sacred-texts.com/atl/ssm/*)

Beier ist sich sicher: Auch Hare´s Argumente seien z.T. nicht hieb- und stichfest. So dürfte seiner Meinung nach die Frage nach der Entstehung des Mondes und den Gegebenheiten auf einem Proto-Globus wenig damit zu tun haben, ob vor weniger als 100.000 Jahren im Pazifikraum *bedeutende* Landmassen über dem damaligen Meeresspiegel lagen. Auf das Thema „Entstehung des Mondes" im Zusammenhang mit Lemuria werden wir später noch eingehen. Die erwähnten „wohldokumentierten mündlichen Überlieferungen" beschreiben Beier zufolge zudem Migrationen, die sich in einem – für Anthropologen – überschaubaren historischen Zeitraum vor der Entdeckung des Pazifiks durch die Europäer ereignet haben. Die Historizität nativer Überlieferungen, die Relikt-Wissen aus älteren Perioden beinhalten, wird von Fachwissenschaftlern in aller Regel nicht anerkannt, wie Beier schreibt.

Dabei stünden die „gesicherten Erkenntnisse" der Anthropologen und Archäologen häufig im Widerspruch zu denen anderer Fachwissenschaften, und inzwischen seien die konventionellen Deutungs-Muster zur Ur-Besiedlung Amerikas und den Pazifik massiv diskreditiert. Ob die von Hare bemühten „linguistische[n] Evidenzen" tatsächlich den Schluss zuließen, der Pazifikraum gehöre zu den letzten vom Menschen besiedelten Gebieten des Globus, sei dahingestellt, da er keine konkreten Beispiele nennt. Genetische Hinweise scheinen jedenfalls das Gegenteil anzudeuten, meint Beier.

Bedeutsamer und relevanter seien Hare´s formale und methodologische Bedenken gegen Churchwards Arbeit:

> „Es ist der Sache wenig dienlich, dass in Churchwards Büchern Anhänge mit Fußnoten oder Bibliographie weitgehend fehlen und dass sein wesentliches Quellen-Material nicht unabhängig bestätigt werden kann. In seiner Mu-Monomanie benutzt er Zirkelschlüsse und Tautologien. Oft macht er verblüffende

Aussagen und springt dann auf einen völlig anderen gedanklichen Zug auf, ohne sie zuvor belegt zu haben. Bei anderen Gelegenheiten schreibt er sachlich über, sagen wir einmal, ägyptische Mythologie, ohne dass der Leser den geringsten Hinweis darauf bekommt, was dies im Zusammenhang mit Mu beweisen soll. Der Leser wird durch dieses intellektuelle Versteck-Spiel gleichermaßen unterhalten wie irritiert."

Beier hat Recht, wenn er schreibt, dass Churchward nicht nur für sich in Anspruch nehmen darf, den Namen „Mu" in esoterisch und auch alternativ-historisch interessierten Kreisen der westlichen Welt bekannt gemacht zu haben; im Vergleich zu der ideologischen Lemuria-Rezeption der Theosophen und ihrer Nachfolger wirkt sein alternativ-prähistorisches Szenario für den pazifischen Großraum fast bodenständig. Beier gibt somit zu, dass trotz aller Schwächen es Wert ist, näher betrachtet zu werden. Im Gegensatz zu den Lemuria-Phantasien echter Okkultisten fände sich bei Churchward nämlich einiges, was aus Sicht heutiger Primhistorik vom Kopf auf die Füße gestellt werden kann.

Churchward interessierte sich schon als junger Mann für alte und geheimnisvolle Sprachen. Als britischer Armee-Offizier kam er nach Indien, wo er angeblich die Bekanntschaft eines Hindu-Priesters („Rishi") machte, mit dem er sich anfreundete. Dieser Rishi soll Churchward dann uralte Tafeln zugänglich gemacht haben, die in „Naacal", einer fast vergessenen Sprache aus ferner Vergangenheit, beschriftet waren. Außerdem soll er den Colonel diese Schrift-Sprache gelehrt haben, sodass dieser den Inhalt der Tafeln entziffern konnte. Auf diese Weise will Churchward erstmals von der Existenz einer weit zurückliegenden Zivilisation erfahren haben, die ihn sein ganzes Leben lang beschäftigen sollte.

Die Authentizität dieser Angaben ist allerdings weitgehend ungesichert, betont Beier, und auch Churchwards Kompetenz als Epigraphiker[5] bliebe zweifelhaft. Nach dem Science-Fiction-Fantasy- und Sachbuchautor Lyon Sprague de Camp war er jedenfalls, wie Beier schreibt „von einer Lieblingsvorstellung der Okkultisten besessen: dass es vor Zeiten einmal eine universale Geheimsprache gegeben habe, in der unsere Altvorderen ihr geheimes Wissen weitergegeben haben. Eine intuitiv begabte Person könne, wenn sie nur lange genug auf alte Zeichensymbole starre, deren Bedeutung herauslesen und auf diese Weise vergessene historische Tatsachen ans Licht bringen." (L. Sprague de Camp: „Versunkene Kontinente". Wilhelm Heyne Verlag, München, 1977 (Erstveröffentlichung: USA, 1954), S. 57; zit. n. Beier).

Nach Beendigung seiner dreißigjährigen Militär-Laufbahn widmete Colonel Churchward sich ganz seinen mehr oder auch weniger empirischen Forschungen und unternahm eingehende Studien der Maya in Yucatán, denn nicht nur in Indien, sondern auch in Mittelamerika vermutete er Spuren der von ihm angenommenen Ur-Kultur. So war er der Auffassung, dass einige Steintafeln, die der US-amerikanische Archäologe William Niven 1911 bei Mexico-City ausgegraben hatte, Informationen aus der Zeit der Muvaner enthielten. Auch ein überkommener Maya-

---

[5] Das Epigraph ist eine antike Inschrift, die üblicherweise in Stein gemeißelt oder geätzt ist. Epigraphe werden im Rahmen der Epigraphik (Inschriftenkunde) erforscht und spielen als historische Hilfswissenschaft in der Altertumsforschung eine Rolle.

Text, der *Codex Troano*[6], hatte es ihm angetan. Einer dubiosen „Übersetzung" dieses Codex war zu entnehmen, dass einst ein Land namens „Mu" im Meer versunken sein soll.

Unter anderem wird darin angeblich der Kataklysmus geschildert, der dieses mythische Land vernichtet haben soll:

> „Im 6. Jahre Kau, am 11. Muluk im Monat Zac, fanden schrecklich gehobene Erdbeben statt, die ohne Unterbrechung bis zum 13. Chuen andauerten, das Land von Mu war das Opfer; es wurde zweimal emporgehoben, und plötzlich war es über Nacht verschwunden: das Meer wurde fortwährend durch vulkanische Gewalten aufgewühlt. [...]. Unfähig, den gewaltigen Zuckungen gegenüber Stand zu halten, versanken sie mit ihren 64 Millionen Einwohnern 8060 Jahre vor der Abfassung dieses Buches." (Heinz Kaminski: Atlantis - die Realität, München/Essen/Ebene Reichenau 1997, Seite 57; zit. nach Beier.

Diese absolut ungesicherte Übersetzung eines französischen Gelehrten, des Physikers und Maya-Forschers Augustus Le Plongeon (1826 - 1908), beruht ursprünglich auf den Bemühungen eines Mannes, der sich bereits etwa 300 Jahre zuvor mit der Entzifferung der Maya-Schrift beschäftigt hatte: Diego de Landa. L. Sprague de Camp bemerkte in der zitierten Quelle zu de Landas Aktivitäten:

---

[6] Der Codex Troano gehört zu dem zweiteiligen „Codex Tro-Cortesianus" (vermutl. vor ca. 1500 v. Chr. entstanden), der neben dem „Dresdner Codex" und dem „Codex Pereziamus" eines von nur drei großen Werken der Maya-Literatur darstellt, die der Vernichtungs-Wut der christlichen Invasoren aus Europa entgangen sind.

„Dieser spanische Mönch, der mit den Conquistadores nach Amerika kam, war der erste Prior des Klosters von Izmal und wurde schließlich Bischof von Yucatán.

Die Maya-Indianer, über die er gebot, besaßen eine beachtliche Literatur. Diese war in Büchern aus langen Streifen primitiven Papiers aufgezeichnet, die im Zickzack gefaltet und in hölzerne Buchdeckel gebunden waren. Sie berichtete von der Geschichte des Landes, von Astronomie und anderen Dingen. Landa, entschlossen, die ‚heidnische' Kultur auszurotten und die christlich-europäische Kultur einzuführen, ließ ab 1562 die Bücher, die aufzufinden waren, verbrennen.

Er schrieb dazu:

‚Wir fanden eine große Anzahl von Büchern dieser Art. Da sie nichts als Aberglauben und Teufelswerk enthielten, verbrannten wir sie sämtlich, was die Leute in erstaunlicher Weise bedauerten und was ihnen viel Kummer zu bereiten schien.'

De Camps Kommentar dazu lautet:

‚Wegen dieses Vandalismus wurde Landa von einigen seiner spanischen Amtsbrüder kritisiert; von Wissenschaftlern wurde er seitdem wohl mehr als einmal zur Hölle gewünscht.'" (L. Sprague de Camp, op. cit., S. 41; zit. n. Beier)

Später begann sich Landa zwar für die Kultur und den Ursprung[7] der Maya zu interessieren, aber seine Versuche, dem Geheimnis ihrer Schrift[8] auf die Spur zu kommen, waren nur von sehr begrenztem Erfolg gekrönt.

„Offenbar war sein Vorgehen derart, einen literarisch gebildeten Maya zu sich zu zitieren, zu erklären, was er wollte, und diesen anzuherrschen: ‚Que es A?' Der Arme, zweifellos zitternd vor Angst, als Ketzer verbrannt zu werden, nahm wohl an, der schreckeinflößende Alte frage nach dem Zeichen für a b c, ‚Schildkröte', und zeichnete das Symbol dafür, nämlich den Kopf einer Schildkröte.

‚Que es B?' Nun bedeutet b e in der Maya-Sprache ‚Straße', also zeichnete der Maya das Symbol für ‚Straße' [...] Und so ging es weiter durch das Alphabet, bis Landa 27 Zeichen und verbindende Begriffe zusammen hatte. Die meisten davon entsprachen aber nicht der Bedeutung, die er ihnen gab. Zudem stellte er – dies allerdings korrekt – die Zahlen der Mayas

---

[7] Zur Herkunft der Maya bemerkte de Landa in seiner umfangreichen Abhandlung „Relación de las Cosas de Yucatán" (Rechenschaftsbericht über die Verhältnisse in Yucatán): „Einige der alten Leute in Yucatán berichten, dass sie von ihren Vorfahren gehört hätten, das Land sei von Menschen besiedelt worden, die aus dem Osten kamen und die Gott errettet habe, indem er ihnen zwölf Wege durch das Meer eröffnete." (*Sprague de Camp*, op. cit., S. 41, zit. n. Beier)

[8] Die Mayas benutzten ein kompliziertes System von Schriftzeichen, die durch einige phonetische Elemente ergänzt wurden, woraus eine komplexe Hieroglyphen-Schrift entstand, ähnlich dem frühen ägyptischen und dem modernen japanischen Schriftbild. Landa nahm jedoch an, dass in der Maya-Sprache – wie ihm dies aus dem Spanischen und Lateinischen geläufig war – von einem phonetischen Alphabet ausgegangen wurde." (*Sprague de Camp*, op. cit., S. 41; zit. n. Beier)

zusammen.“ (L. Sprague de Camp, op. cit., S. 41, 42; zit. n. Beier)

Selbst dieses nur bruchstückhaft erhaltene Wissen über die Schrift der Maya ging nach de Landas Tod wieder verloren, „da die katholische Geistlichkeit ihre Kampagne gegen die Literatur der Eingeborenen fortsetzte und diese es vorzogen, das leichtere lateinische Alphabet anzuwenden“. (*Quelle:* Ebd., S. 45; zit. n. Beier)

Niemand war in den folgenden Jahrhunderten in der Lage, die wenigen alten Texte zu entziffern, die den Ketzergerichten entgangen waren, bis 1864 der Abbé Charles Étienne Brasseur, genannt „de Bourbourg“ (1814 - 1874), eine gekürzte Abschrift von Landas „Relación“ entdeckte. Umgehend versuchte er sich an einer Übersetzung des Troano-Codex.

„Was herauskam“, schreibt Sprague de Camp, „war die zusammenhanglose Beschreibung einer vulkanischen Katastrophe, welche folgendermaßen begann: ‚Er ist der Herr der sich emporhebenden Erde, der Herr der Flaschenkürbisse, die Erde hob sich über dem lohfarbenen Tier (dort, wo alles von den Fluten verschlungen wurde). Er ist der Herr der sich emporhebenden Erde, der ohne jedes Maß schwellenden Erde, er, der Herr ... des Wassers.“

Bei seiner „Entschlüsselung“ des Maya-Manuskripts stieß er auch auf ein häufig vorkommendes Glyphen-Paar, dessen linkes „Zeichen eine leichte Ähnlichkeit (aber nur eine leichte) mit Landas ‚M‘ aufweist und das andere mit dessen ‚U‘. In einer kühnen Schlussfolgerung unterstellte Brasseur, dass diese beiden Symbole den Namen des bei einer Katastrophe untergegangenen Landes ergäben: Mu.“ (Ebd., S. 46 zit. n. Beier)

Durch die späteren Forschungen des Bibliothekars und Historikers Ernst Wilhelm Förstemann, dem Archäologen, Anthropologen und

Philanthropen Charles Pickering Bowditch und dem Archäologen und Epigraphen Sylvanus Griswold Morley wurden Landas Alphabet und Brasseur de Bourbourgs Übersetzung zwar einigermaßen entzaubert, aber gerade unter zeitgenössischen Atlantisforschern, wie z. B. von Ignatius Donnelly, wurden sie aufgegriffen und weiterverbreitet. Auch Donnellys Zeitgenosse Augustus Le Plongeon, dessen Version vom Untergang Mus wir oben bereits kurz vorgestellt haben, widmete sich leidenschaftlich diesem Thema. „Nach der Troano-Codex-Übersetzung Brasseurs und einigen Wandbildern, die er in den Ruinen der Maya-Stadt Chichén-Itzá gefunden hatte, konstruierte [er; ...] die romantische Geschichte von der Rivalität zwischen dem Prinzen Coh (‚Puma') und Aac (‚Schildkröte'), die um die Hand ihrer Schwester Móo oder Mu, Königin von Atlantis, anhielten.

Coh trug den Sieg davon, wurde aber von Aac ermordet, der Móos Reich eroberte. Beim Untergang des Kontinents floh Móo nach Ägypten, wo sie die Sphinx von Gizeh in Erinnerung an ihren Ehemann und Bruder errichten ließ und als Isis die ägyptische Zivilisation begründete. [...] Andere Mu-Bewohner hatten sich derweilen in Amerika angesiedelt – ihre Nachfahren sind die Maya." (*Quelle:* Ebd., S. 54)

Zudem führte Le Plongeon „die Freimaurerei und das metrische System auf die Maya zurück, hielt Mme. Blavatskys fantastisches *Buch des Dzyan* (wir kommen auf Mme. Blavatsky und ihre Werke noch zu sprechen) allen Ernstes für ‚ein altes Sanskrit-

Buch'[9], behauptete, dass das griechische Alphabet in Wirklichkeit eine Maya-Dichtung sei, die vom Untergang Mus erzähle, und veröffentlichte ein Foto mit einem Leoparden der Alten Welt, den er als Beispiel für die zentralamerikanische Fauna ausgab." (*Quelle:* Ebd., S. 55; zit. n. Beier)

Doch damit nicht genug. Auch Paul Schliemann (siehe: „Paul Schliemann – das Phantom der Atlantisforschung" auf

http://atlantisforschung.de/index.php?title=Paul_Schliemann_-_das_Phantom_der_Atlantisforschung)

trug mit einem „mythischen" Text zu Churchwards Mu-Epos bei. Eine „uralte Tempel-Inschrift", auf die der angebliche Enkel Heinrich Schliemanns, des Entdeckers von Troja (siehe auch:

---

[9] Beier merkt dazu an: „Sprague de Camp war hier offenbar – einmal mehr – zu überheblich in seinem Szientismus. Sonst hätte er bemerkt, dass Le Plongeon zumindest in diesem Punkt aller Wahrscheinlichkeit nach richtig lag.

Der Begriff Scientismus (auch: Szientismus oder Scientizismus; von lat.: ‚scientia' = Gelehrsamkeit, Wissenschaft) stellt in seiner popularisierten Bedeutung mehr oder weniger ein Synonym zum deutschsprachigen Ausdruck ‚Wissenschaftsgläubigkeit' dar, und charakterisiert traditionell eine ideologische – und somit letztlich unwissenschaftliche – Form von Wissenschafts-Verständnis oder, eine Überzeugung, , der zufolge die wissenschaftliche Theorie imstande sein sollte, alle Rätsel der menschlichen Existenz zu lösen und eine Praxis zu ermöglichen, die zu unbeschränkter Herrschaft des Menschen über die Natur führt." (s. „Scientismus" auf *http://atlantisforschung.de/index.php*? title=Scientismus

Beier, Bernhard: „Das Testament des Heinrich Schliemann" auf *https://mysteria3000.de/magazin/das-testament-des-heinrich-schliemann/*),

im tibetischen Lhasa gestoßen sein wollte, lautete:

> „Als Baals Stern auf die Stelle fiel, an der heute nur noch Wasser und Himmel sind, erzitterten die sieben Städte, und ihre goldenen Türme und ihre durchsichtigen Tempel tanzten wie Blätter im Sturmwind. Aus den Palästen ergoss sich ein dampfender Feuerstrom. Und das Geschrei der Sterbenden und das Wehklagen der Menge erfüllte die Luft.
>
> Das Volk suchte Zuflucht in den Tempeln und Zitadellen. Da erhob sich der Weise Mu, der Hohepriester Ra-Mus, und sprach: Habe ich es euch nicht vorhergesagt? Die Männer und Frauen, in ihre kostbarsten Gewänder gehüllt und mit Juwelen behangen, aber flehten: Mu, rette uns! Mu jedoch antwortete: Ihr werdet verderben samt euren Sklaven und Schätzen. Aus eurer Asche werden neue Völker entstehen.
>
> Und sollten diese Völker je vergessen, dass sie die materiellen Dinge beherrschen müssen, nicht nur um daran zu wachsen, sondern auch, um nicht daran kleiner zu werden, wird sie dasselbe Schicksal ereilen wie euch. Die Flammen und der Rauch erstickten Mus Worte. Land und Leute wurden zerstückelt und vom Abgrund verschlungen." (Robert Charroux, „Das Rätsel der Anden - Phantastische Thesen über unsere Entwicklungsgeschichte", Wilhelm Goldmann Verlag, 1979, S. 34f; zit. n. Beier.)

Wie schon der französische Alternativ- und Primhistoriker Robert Charroux Mitte der 1970er Jahre bedauernd dazu feststellte, hat „leider [...] diesen Text, wie die Tafeln des Obersten Churchward, außer Dr. Schliemann kein Mensch gesehen, [...]" (Ebd., S. 35; zit. n. Beier) , merkt Beier an. Doch trotzdem wurde dieses Fragment – zusammen mit dem Troano-Fragment – zu einem der „meistdisputierten Texte [...] der ganzen Geschichte atlantischer Forschung", wie der charismatische Doyen der nonkonformistischen Atlantologie, der Brite Egerton Sykes (1894-1983), dazu anmerkte.

Im Gegensatz zu den meisten Interpreten seiner Zeit, die – wie Donnelly und Le Plongeon – diese Schilderung mit dem Untergang von Atlantis im Osten Mexikos gleichsetzten, verlegte Churchward diese Katastrophe in den Pazifik, wie Beier ausführt. Sein Mu „war nicht [...] dasselbe wie das riesige transkontinentale Lemuria der Theosophen, auf das wir später noch zu sprechen kommen werden, doch ein wesentlicher Teil davon, wobei es sich von Osten nach Westen sechstausend Meilen, dreitausend von Norden nach Süden, über den Ozean hinzog." (Beier nach Anonymus: „Atlantean Alternatives: Lemuria or Mu", online unter

http://www.atlantisforschung.de/index.php?title=Mu_im_japanischen_%22Mahikari-Shintoismus%22"

Mit anderen Worten – nämlich denen Sprague de Camps – ging auch Churchward davon aus, „dass Mu [...] sich von den Hawaii- bis zu den Fidschi-Inseln und von der Osterinsel bis zu den Marianen erstreckte", und weiter heißt es bei ihm: „Es war flach denn die Berge waren damals noch nicht ‚erfunden' und von üppiger tropischer Vegetation bedeckt." (L. Sprague de Camp, op. cit., S. 58 zit. n. Beier).

Die Sichtung von Maya-Hinterlassenschaften durch Churchward soll aber noch weitere Details über die muvanische Urkultur erbracht haben. Er „untersuchte auch 2.500 Streitobjekte aus Mexiko und meinte so, den Kontinent Mu relativ genau beschreiben zu können. So sagte er, dass sich die Bewohner aus zehn Volksstämmen zusammengesetzt hatten, die eine gemeinsame Regierung und einen Kaiser hatten, den Ra Mu. Auf dem ausgedehnten Kontinent erstreckten sich Ebenen mit fruchtbaren Weiden und bestellten Feldern. [...] Es gab Flüsse und bewaldete Hügel, bunte Schmetterlinge und Kolibris, Mastodonten und Elefanten." (Beier nach: Anonymus.)

Tatsächlich erscheint Churchwards Mu als das ,Paradies auf Erden':

> „Churchward nahm für Mu diejenige Art überspannter Attribute in Anspruch, die andere für Atlantis reklamiert hatten. Tatsächlich sei Mu, nicht Donnellys Atlantis, der [irdische] Garten Eden gewesen, und die erste ,höchste und älteste Zivilisation, die die Welt gekannt hat'." (Beier nach „Atlantean Alternatives: Lemuria or Mu".

> Über die Muvaner (Die Einwohner von Mu) heißt es Beier zufolge zudem bei www.hagzissa.de: „Die Menschen sollen ungeheuer schön gewesen sein, mit großen sanften und dunklen Augen und glatten, schwarzen Haaren.
>
> An kühlen Abenden vergnügten sich geschmückte Männer und Frauen auf eleganten Luxusschiffen; sie genossen ihr Leben. Aber alles Schöne muss einmal enden. Im Süden Mus kam es plötzlich zu heftigen Erdbeben und Vulkanausbrüchen, die viele Städte zerstörten. Sturmfluten überschwemmten das Land. Zwar bauten die Überlebenden ihre Häuser immer wieder auf, aber die ultimative Katastrophe bahnte sich an, kam unweigerlich immer näher."

Welche Ursachen könnten einen derart starken Vulkanismus ausgelöst haben, fragt sich Beier? Was bewirkten die tektonischen Störungen, die den „zentralpazifischen Kontinent" nach und nach zerstückelt und seine Bewohner in Mitleidenschaft gezogen haben sollen? Churchward ging von einem globalen Netz riesiger, mit Gas gefüllter Hohlräume im Erdinneren aus, deren Zusammenbrüche ein großflächiges Absacken von Landmassen, zum Teil gefolgt durch Überflutung, nach sich gezogen haben sollen.

Dieses Hohlraum-System war angeblich im Verlauf der Jahrtausende immer instabiler geworden. Dann, „vor 13.000 Jahren, brachen die ‚Gas-Gürtel' [...] zusammen, was den Untergang von Mu und Atlantis zur Folge hatte. Überlebende Mu-Bewohner drängten sich auf dem schmalen Raum der polynesischen Inseln zusammen und aßen schließlich einander auf, da nicht genügend Nahrung vorhanden war. Doch nicht nur sie, sondern die meisten Mu-Kolonien, sanken auf die Stufe der Barbarei herab." (Beier nach: L. Sprague de Camp, „Versunkene Kontinente", op. cit., S. 60). „Ignorieren wir hier den Umstand, dass die (ehemalige) Existenz solcher Gas-Kavernen noch weitaus schwerer nachzuweisen sein dürfte als die eines zentralpazifischen Riesen-Kontinents, und gestehen wir Churchward zu, dass irgendein Natur-Phänomen mit dem Zerfall hypothetischer Pazifik-Landmassen wiederholte Auswanderungs-Wellen seiner Bewohner bewirkt haben könnte", schreibt Beier, um anschließend Sprague de Camps Angaben zu Churchwards Ausführungen wiederzugeben:

> „Von Mu aus erfolgte unter der Leitung von Priestern (den Nagas oder Naacals) die Gründung von Kolonien. Einige Auswanderer fuhren über das Binnenmeer, das zu jener Zeit das Amazonasbecken füllte, nach Atlantis, andere ließen sich

in Asien nieder, wo sie vor 20.000 Jahren das Riesenreich U-ighur gründeten. (Es existierte tatsächlich ein historisches Uighur-Reich, das im 10. Jahrhundert n. Chr. entstand und dessen Fall auf das 12. Jahrhundert datiert wird. Aber dieses hat nichts mit dem churchwardschen zu tun.)“ (Ebd., zit. n. Beier)

Auf Mu sollen in den Zeiten seiner Hochblüte 64 Millionen Menschen gelebt haben. Die Mu-Bewohner, untergliedert in zehn Stämme, waren unterschiedlicher Hautfarbe, aber „natürlich stellten in Churchwards Vorstellungen die Weißen die herrschende Schicht“. Darin zeigt sich seine Neigung zu einer Überbetonung der Rolle der „weißen Rasse“ im Prozess der Zivilisationsgeschichte.

Beier dazu:

> „Churchwards latenter Rassismus präsentiert sich in christlich-monotheistischem, anti-evolutionärem Gewand“. Dann zitiert er de Camp mit den Worten: „Sie [die Muvianer] besaßen nicht nur eine hohe Kultur, sondern hingen einer rein arisch-monotheistischen Religion an, die Jesus Christus später wiederzubeleben versuchte. Barbarei existierte zu keiner Zeit. Churchward hielt nichts von der ‚Der-Mensch-stammt-vom-Affen-ab-Theorie‘, er war der Meinung, der Mensch sei im Pleistozän [vor von etwa 2,588 Millionen Jahren bis vor etwa 0,0117 Millionen Jahren (11.700 Jahre v.u.Z.; Anm. RMH)] bereits als kultiviertes Wesen erschaffen worden.“ (Ebd., S. 59f)

Insgesamt dürfte es kaum verwundern, so Beier, dass kaum ein ernsthafter Primhistoriker oder Atlantisforscher die Schriften Brasseur de Bourbourgs, Le Plongeons, P. Schliemanns oder auch Churchwards Arbeiten unreflektiert zur Grundlage von Betrachtungen über verschollene Uralt-Kulturen im Atlantik- und Pazifikraum machen wird. Selbst die Ableitung des Namens

„Mu" aus dem Troano Codex steht massiv infrage, auch wenn es, unabhängig davon, durchaus Hinweise auf die einstige Existenz eines Landes mit dem Namen „Mu" im Stillen Ozean zu geben scheint (siehe dazu: Mythologische Grundlagen für die Pazifika Hypothese" im übernächsten Kapitel). „Wirklich ‚bewiesen' scheint in Churchwards Mu-Szenario jedenfalls kaum etwas zu sein", sagt Beier, allerdings mit der Einschränkung: „was, wie wir noch sehen werden, nicht bedeuten muss, dass er mit seinen Überlegungen völlig ‚auf dem Holzweg' war."

Einleitend zum Artikel „Mu im japanischen Mahikari-Shintoismus" (auf

http://www.atlantisforschung.de/index.php?title=Mu_im_japanischen_%22Mahikari-Shintoismus%22

schreibt Beier:

> „Der Verfasser muss vorab all diejenigen LeserInnen enttäuschen, die sich aus der Lektüre dieses Beitrags Erhellung zum Le(Mu)ria-Problem durch uralte fernöstliche Weisheiten oder Referenzen zum ‚versunkenen Kontinent Mu' aus der südostasiatischen Mythologie erhoffen. Was wir hier vorstellen werden, ist vielmehr eine moderne, unverhüllt rassistische Mu-Ideologie, die sich für ihr Szenario ganz offensichtlich am Inventar des europäischen und euro-amerikanischen Okkultismus bedient, um den pseudo-historischen Hintergrund für eine sektenartig organisierte Religionsgemeinschaft zu schaffen: Mahikari."

„Was, bitte sehr, ist Mahikari?", schreibt Beier weiter und erläutert den Hintergrund:

Bei Steve und Yumi Allerton, zwei Mahikari-Aussteigern, erfahren wir, wie er schreibt, einiges über diese – auch in Australien aktive – religiös-ideologische Bewegung sowie über den „Retter" Yoshikazu Okada, der 1959 die „Sekai Mahikari Bunmei Kyodan (SMBK)-Sekte" ins Leben rief und mit der Verkündigung der Endzeit begann:

„Es gibt keinen Zweifel daran, dass Okada, der sich selbst als den wiedergekehrten Messias der christlichen Doktrin betrachtete, bei seinen Anhängern auch den Drang wachrief, sich auf die kommenden Umwälzungen in der Natur vorzubereiten, die zu der Zerstörung der bekannten Welt am Ende dieses [des vergangenen; Anm. Beier] Millenniums führen würden. Er behauptete, dass nur spirituell gereinigte Anhänger überleben würden. Er gab an, dass alle Religionen seinem Mahikari unterlegen seien, weil er der Einzige sei, der in direktem Kontakt mit Gott stünde, der ihm Offenbarungen verkündete und ihm erklärt habe, dass Mahikari Gottes einzige wahre Religion sei."

(Beier nach: Steve & Yumi Allerton, „Mahikari - an Insight - A SHORT STUDY OF (SUKYO) MAHIKARI CULTURE" auf

http://members.ozemail.com.au/~skyaxe/mahikari.htm" Link nicht mehr online.

„Die Mahikari-Apologeten behaupten, es handele sich bei ihrer Bewegung nicht um eine Sekte oder Religion, sondern um eine ‚Supra-Religion', um die ‚Wiederauferstehung' der ursprünglichen Religion, aus der alle anderen entsprungen seien. Yoshikazu Okada (1901 - 1974) [...] sagt in seinen Lehren: ‚Religionen werden bis zum heutigen Tag aus einer falschen Geschichte generiert und basieren zumeist auf Lügen.' Der Höchste Gott hat ihm die Rolle zugewiesen, diese Trugschlüsse zu korrigieren und die Menschheit zum Ursprung von allem zurückzuführen – Japan." (Ebd.; nach Beier)

Mit dem religiös verbrämten Konzept einer japanisch-pazifischen Ur-Kultur scheinen Yoshikazu Okada und seine Adoptiv-Tochter und Nachfolgerin Keishu Okada, die 1978 mit „Sukyo Mahikari“ eine neue Abspaltung der Sekte gründete, ein breites Publikum anzusprechen, sagt Beier. Allerton & Allerton weisen ausdrücklich darauf hin, dass es sich bei SMBK und Co. inzwischen um Massenorganisationen mit eigenen Finanz-Imperien handelt:

„Während der vergangenen 30 Jahre ist die Mitgliederzahl aller Mahikari-Sekten bis auf geschätzte 500.000 – 3.000.000 Anhänger gestiegen und die steuerfreien Gelder aus Schenkungen, die zurück nach Japan fließen, darunter Spenden und [Gewinne] aus ausgedehntem Landbesitz in der ganzen Welt, gehen gut in die hunderte Millionen Dollar. Leute, die die Effizienz [und den Charakter] dieser Geld-Maschine infrage stellen, werden von Mahikari verteufelt, da sie unter dem Einfluss böser Geister stünden. Okada warnte seine Anhänger, sich vor solchen ‚spirituell verwirrten‘ Menschen [vor allem] während der ersten drei täglichen Trainings-Programme zu hüten...“ (Ebd.; nach Beier)

In seiner Abgrenzung von Andersdenkenden unterscheidet sich Mahikari, wie Beier feststellt, offenbar in keiner Weise von anderen, autoritär geprägten Religions- und Weltanschauungs-Gemeinschaften. Einige ihrer inhaltlichen Versatz-Stücke erinnern zudem stark an westliche New-Age-Esoterik: Wenn sich die Anhänger folgsam den Anweisungen ihrer „erleuchteten“ Vorbeter beugen, dann sind sie in jedem Fall „auf den Spuren und im Gefolge des Höchsten Gottes [...] Wenn Menschen jedoch

Mahikari gegenüber kritisch sind und Okadas Heiligkeit[10] infrage stellen, dann müssen sie von den ärgerlichen Geistern derjenigen besessen sein, die in den Kriegen zwischen ‚Atlantis' und ‚Mu' starben, oder könnten auch von Aliens von einem anderen Planeten in Besitz genommen worden sein." (Mahikari Australia Journal Vol.3 No.8 August 1985 p 8-9, nach Steve & Yumi Allerton, „Mahikari - an Insight -A SHORT STUDY OF (SUKYO) MAHIKARI CULTURE", weiterführende Anmerkungen gab es unter

http://members.ozemail.com.au/~skyaxe/mahikari.htm";

(dieser Link ist nicht mehr online) it. n. Beier))

Beier wirft einen kurzen Blick auf „Shinto"[11] und stellt fest, dass sich der „Retter" und seine Anhänger als nationalistische Ultras

---

[10] Beier merkt dazu an: „Ich gehe davon aus, dass im Originaltext ein Tippfehler (möglicherweise eine ‚Freud'sche Fehlleistung') vorliegt. Dort ist von ‚Okadas sanity' die Rede, was mit ‚Okadas Geisteszustand' zu übersetzen wäre. Obwohl mir diese Auslegung de facto durchaus angebracht erscheint, sollte es vermutlich ‚Okadas sanctity' heißen, also, wie oben übersetzt ‚Okadas Heiligkeit'!"

[11] „Shinto, japanisch: Kami no michi = ‚Der Weg der Götter' oder die Lehre vom ‚Geistesdao' ist die einheimische Mythologie und Religion, die grundsätzlich alle Teile und Bereiche der Wirklichkeit vergöttlicht und jeweils ausgewählten Exemplaren dieser Wirklichkeit einen spezifischen Kult widmet. Diese Gegenstände repräsentieren dann als ‚Symbole' das Göttliche (Shin, kami) und werden in den Shinto-Tempeln (Schreine[n]) aufbewahrt und verehrt. Derartige Kultgegenstände sind etwa Bronzespiegel (für den Kult der Sonnengöttin Amaterasu), Steinkugeln, Schwerter, auch besondere Schriften (kotodama, die als norigoto = ‚Wortgeister' gebethaft an die Götter gerichtet werden). Über den Kult in besonderen Schreinen hinaus zeigt sich ein populärer Naturkult in der Verehrung mancher ausgezeichneter Örtlichkeiten (z. B. des Fujiyama) wie auch in vielerlei Volkssitten wie dem Hanami (Blütenschau im Frühling, besonders Kirschblütenschau), Bonsai (Miniaturpflanzenpflege), Ikebana

ganz zwangsläufig auf dieses spirituell-mythisch-legendäre National-Epos der Japaner – berufen, auch wenn die Mahikari-Religion zunächst wenig mit dem klassischen Shintoismus zu tun zu haben scheint, sondern sich offenbar kräftig bei anderen Religionen und Religiönchen bedient hat. Insofern lasse sich Mahikari folgerichtig nicht als uralte Supra-, sondern als neugeschaffene Patchwork-Religion verstehen.

Beier gräbt nun tiefer und geht auf Allertons Kurz-Fassung des Shinto aus seinem Aufsatz „Mahikari, Mu and the Emperor of Japan" ein, wo es zum Schöpfungsbericht, der Darstellung des Ursprungs der Menschen und über den ersten Kaiser Japans heißt:

> „Am Anfang waren Himmel und Erde, positiv und negativ, noch nicht getrennt, sondern sie formten eine chaotische eiförmige Masse. Endlich teilten sich Himmel und Erde und eine

---

(Blumenstecken), Chanoyu (Teezeremonie), Geishakult (Kult der Fraulichkeit), Bushido (‚Weg des Kriegers', Kult der Männlichkeit), Ahnenkult, Yamatokult (Kult der japanischen Inseln als Götterland), Tennokult (Kaiserverehrung als Kult der Sonnengöttin Amaterasu und ihrer kaiserlichen Nachkommenschaft). Shinto wurde erst nach dem Vorbild und in Auseinandersetzung mit konfuzianischer und buddhistischer Staatstheologie eine gelehrte ‚Theologie' bzw. Philosophie. Die Grundeinstellung im Shinto ist sensualistisch (Die Wirklichkeit ist sinnlich erfassbar, und nur das so Erfasste ist real) und ästhetizistisch (Das Wesen der einzelnen Wirklichkeitsbereiche zeigt sich in ihren schönsten und kultisch stilisierten Exemplaren). Entsprechend bildet im Shinto auch die japanische Rezeptionsunterlage für buddhistische (und damit auch daostische) Theorien, die nach shintoistischem Verständnis nur beweisen, dass sich hinter dieser sinnlichen Natur ‚Nichts' anderes mehr ausmachen lässt."

(*Quelle:* Der Shinto, online unter *http://www.phil-fak.uni-duesseldorf.de/philo/Japphil/page_2.htm*)

Art von Riet-Sprossen wuchs, die sie vereinte. Die Riet-Sprossen wurden zu einem Gott transformiert, Kunitokotachi-no-Mikoto, ‚der eine, der das ewige Land schuf'. Sechs Generationen später entstanden spontan Izanagi, ‚der Männliche, der einlädt', und Izanami, ‚die Weibliche, die einlädt'.

Sie stammten von der Erde ab und schufen die Inseln Japans und zahlreiche Gottheiten. Izanami starb, als sie das Feuer erschuf. Izanagi folgte ihr in das Reich der Dunkelheit, des Todes und der Fäulnis. Er erkannte, dass es, ‚da ich in solch eine scheußliche und schmutzige Gegend gegangen bin, nur folgerichtig ist, dass ich meinen Körper von seiner Verunreinigung säubere'.

Eine ganze Generation neuer Gottheiten entsprang den Kleidern, die er ablegte, und seinen Körperteilen, die er wusch, um sich rein zu machen, darunter Amaterasu (aus seinem linken Auge) und der Mond-Gott (aus seinem rechten Auge), der wiederum seinerseits reihenweise Heiligkeiten produzierte, bis hin zu Ninigi (Amaterasus Enkelsohn), dem Vater Jimmus, des ersten Kaisers von Japan." (Steve Allerton, „Mahikari, Mu and the Emperor of Japan", 28. Juli 1999. (zit. n. Beier).

Beier stellt fest, dass dies ein höchst vager prähistorischer „Bericht" ist, aus dem sich allenfalls eine dunkle Erinnerung an eine vorzeitliche Epoche herauslesen lässt, als die Inseln Japans vom Festland getrennt wurden, und an die älteren Götter dieses schicksalhaften Zeitalters, das alles andere als erfreulich gewesen zu sein scheint. Die stimmige Ableitung eines Kontinents „Mu" oder einer hochzivilisierten asiatischen Ur-Kultur ließe sich auf Basis des Shintos jedenfalls nicht vornehmen – zumindest nicht mit schul- oder grenzwissenschaftlichen Mitteln.

Nun geht Beier auf die „inspirierte" Menschheitsgeschichte ein, die S. Allerton aus Winston Davis' Buch „Dojo- Magic and Exorcism in Modern Japan" und aus „Spirits, Selves and Subjectivity in a Japanese New Religion" von Brian McVeigh zusammengestellt hat. „Davis benutzt" demzufolge, wie Allerton vorab erklärt, „das Wort Mioshie für die göttlichen Lehren des Mahikari, und ‚Retter' bezieht sich auf Yoshikazu Okada, den Gründer von Mahikari." (Ebd.; nach Beier)

Okadas Mioshie berichtet Beier zufolge davon, dass Japan einst Teil eines gewaltigen Kontinents namens Mu war, der heute unter den Wassern des Pazifischen Ozeans verborgen liege. Japan sei in der Tat das älteste Land der Welt, die es einstmals souverän beherrscht habe, und künftig werde das japanische Kaiserreich wieder zum spirituellen Zentrum der gesamten Menschheit werden. Sein Bericht beginnt in einem urzeitlichen Japan, vor der Existenz des Menschen:

> „In alten Zeiten stolzierten Dinosaurier über Japan; andere, von der Größe eines amerikanischen F-4-Kampfjets, verdunkelten den Himmel. [Bei diesen geflügelten Monstern soll es sich übrigens um Manifestationen des Drachen-Gottes ‚Ryujin' gehandelt haben; Einf. Beier] ‚Alte Dokumente' enthüllen, dass tausende dieser Kreaturen am Fuße des Mount Tsukuba während des großen geologischen Kataklysmus starben, der sich vor 100.000.000 – 100.050.000 Jahren in Japan ereignete. Zu jener Zeit bedeckten Lava-Ströme ihre Knochen, sodass die Japaner heute über keine eigenen Dinosaurier-Skelette verfügen, um sie in Museen auszustellen. In jenen Tagen gab es in Japan auch mächtige Berge, die höher waren als die des Himalayas oder der Alpen. Als die Gletscher des Eis-Zeitalters Mu bedeckten, wanderten Elefanten und andere Tiere, darunter der Mensch, nach Süden, wo das Wetter weniger streng war. Die Südsee-Insulaner sind Nachfahren jener Migranten.

Der Retter erklärt, dass die ‚akademische Theorie', die Japaner seien die Abkömmlinge dieser südlichen Völker, durch und durch eine Lüge sei." (Davis (1980-p67-69), McVeigh (1997-p73-74), nach Steve Allerton, „Mahikari, Mu and the Emperor of Japan", 28. Juli 1999; zit. n. Beier)

„Den Forschungen und Offenbarungen des Retters zufolge war Mu eine Landmasse, die sich von Japan aus nach Süden bis zur Osterinsel und nach Osten bis Hawaii erstreckte. Von Osten nach Westen maß es 5.000 Meilen und vom Norden nach Süden 3.000 Meilen". Es war in Mu oder dem alten Japan, wo Gott Su erstmals die spirituellen ‚Blueprints' (Hinagata) aufzeichnete, die er zur Erschaffung der menschlichen Rasse verwendete. Da sie unterschiedliche Funktionen erfüllen sollten, wurden die ersten Menschen in fünf verschiedenen Farben erschaffen: Gelb, rot, weiß, blau-grün und purpur. Die farbigen Streifen auf den Mahikari-Bannern, die auf allen Festivitäten getragen werden, erinnern an die fünf [...] Farben dieser fünf ursprünglichen Rassen, unter denen die gelbe dominant war. Um genauer zu sein, waren die Japaner dominant; die Chinesen und Koreaner, weniger gelbe Rassen, waren von niedrigerem Rang – doch nicht ganz so niedrig wie die anderen vier. [ ]

Das alte Japan war der Sitz einer enorm hochentwickelten Zivilisation, die über den gesamten Globus herrschte. Um mit den Menschen zu kommunizieren, sandte Gott Su seinen Abkömmling Sumera Mikoto, um als Kaiser und Hohepriester über die Japaner zu herrschen. Unter seinem Regnum wurden die 2400 verschiedenen Arten von Buchstaben eingeführt, die bei den Völkern von Mu benutzt wurden. Diese ‚Buchstaben des göttlichen Zeitalters' (Kami-yomoji oder Shindai moji) waren der Ursprung all der Ideogramme, Silbenschriften und

> Alphabete, die heute Verwendung finden. Daher stammen alle Sprachen der menschlichen Rasse ursprünglich aus Japan.
>
> Sumera Mikoto entsandte, um sein weit verstreutes Imperium zusammenzuhalten, fünfzehn japanische Prinzen und eine Prinzessin an verschiedene Orte auf der Welt. Die Erlauchtesten von ihnen bekamen die Verantwortung für die alten Zivilisationen Mesopotamiens, Ägyptens, Indiens und der inkaischen [sic!; Anm. von Beier] und kanadischen [???; Anm. Beier] Reiche. Dieser göttliche Adel – der von den Chinesen mit den sechzehn Jüngern Buddhas verwechselt wurde – lehrte die Menschheit erstmals die Jagd, Fischfang, Schiffbau, Kleider zu weben und Papier zu machen." (Ebd. Zit. Nach Beier)

Relikte der alten Zivilisationen, die sie errichteten, liefern uns, wie es im Mioshie heißt, wertvolle Einblicke in das Leben der Völker des Mutterlandes Mu, sagt Beier. So wurde beispielsweise in Ägypten die Chrysantheme gefunden, das Symbol des japanischen Prinzen Tutenchamun (und noch immer die Blume der japanischen Kaiser-Familie), zusammen mit vielen Artefakten aus Japan, die er in den Pyramiden deponierte.

Diese Pyramiden waren tatsächlich Monumente, die zu Ehren seiner ‚gestrengen Familie' in Japan errichtet wurden. Der Erretter lehrte, dass Pyramiden zuerst in Japan gebaut wurden. Dies kann man, wie er sagte, an der Etymologie des Wortes piramido erkennen, das mit den Buchstaben ‚Sonne-kommen-Geist-Halle' geschrieben werden sollte. Dem Mioshie zufolge bedeutet die alte Bezeichnung für Japan, Yamato, ‚Nation an der Spitze der Pyramide'. (Ebd.; nach Beier)

Die Bewohner von Mu beteten ursprünglich einen [einzigen] Gott an, der ‚Himmlischer König' genannt wurde, doch da sie seinen wahren Namen nicht zu nennen wagten, nannten sie ihn einfach Kami oder Gott. Zur Anbetung dieser Gottheit und ihres Sonnen-Symbols wurden steinerne Tempel-Anlagen unter freiem Himmel errichtet. Zusätzlich zur Chrysantheme, den Pyramiden und der Sonne, gehörten zu den offiziellen Symbolen des alten Japans auch das Kreuz, die Schlange, die Swastika (ein Symbol der ‚Ordnung des Universums') und eine dreieckige Krone. Die Schriften von Mu, die von Kolonisten in alle Teile der Welt getragen wurden, tauchen später in polynesischen Legenden, in chinesischen Texten und in den Schriften des Platon auf. Das Alte Testament ist eine hebräische Übersetzung von Zoroasters Zend-Avesta durch den japanischen Prinzen Moses.[12] Die

---

[12] Beier merkt dazu an: „Dem Mioshie zufolge hatten Israel und Japan schon immer eine enge Beziehung. ‚Aufzeichnungen', die noch heute in Japan bewahrt werden, zeigen, dass Moses einst Japan in seiner Eigenschaft als König der Juden besuchte, eingesetzt durch Japans vierundneunzigstem Kaiser. Im Koso Kotai-Schrein in der Ibaraki-Präfektur ist ein Stein erhalten geblieben, auf dem Moses die Zehn Gebote eingeritzt hat. Die hebräische Sprache war ein Geschenk des japanischen Kaisers an das jüdische Volk. Dokumente im Besitz selbigen Schreins beweisen, dass Jesus Christus im Alter von achtzehn Jahren nach Japan kam, um [die Regeln der] Enthaltsamkeit zu studieren und zu praktizieren. Mit Dreiundzwanzig kehrte er mit einem königlichen Siegel in sein eigenes Land zurück, das ihm von Kaiser Suinin verehrt worden war. Ein Bild in dem Schrein zeigt ihn mit einer Robe, auf deren Vorderseite drei imperiale Chrysanthemen eingestickt sind. Zurück in Israel, bekam Jesus Schwierigkeiten und konnte gerade noch der Kreuzigung entgehen: sein jüngerer Bruder wurde statt ihm exekutiert. Gerade noch entkommen, kehrte Jesus nach Japan zurück, wo er im Alter von einhundertachtzehn Jahren starb. Eine Statue, die er aus den Knochen Marias und Josephs herstellte [sic!; Anm. Beier], ist noch immer im Besitz des Schreins. Okada Kotama glaubte zudem, dass die Hebräer ursprünglich Eda (Zweig) -Leute genannt wurden, ein japanisches Wort, von dem wir das Wort Jude ableiten. Das Wort Israel stamme aus einer Verfälschung von Isuzu, dem heiligen Fluss, der durch die Ise-Schreine in Japans Mie-Präfektur fließt. Als einst einige der Juden nach Japan zurückkehrten, bedeuteten ihnen die Landesherrscher, dass sie

zoroastrischen Schriften waren ursprünglich auf dem Weg über Indien und Burma von Mu in den alten Nahen Osten gebracht worden. (Beier nach: Davis (1980-p67-69), McVeigh (1997-p73-74); nach Steve Allerton, „Mahikari, Mu and the Emperor of Japan", 1999, war früher einmal Onliene online unter: *„http://members.ozemail.com.au/~skyaxe/origins.htm").*

Über den Untergang von Mu heiße es bei McVeigh:

> „Die Bewohner von Mu wurden arrogant und materialistisch und die Mond-Gottheiten, die den schicksalhaften, materialistischen Aspekt der Existenz betonen, wurden vorherrschend. Ein Nuklear-Krieg brach zwischen Mu und dem anderen großen Kontinent Atlantis aus. Da [die Muvaner] verschiedene Kataklysmen ignorierten, die von Gott Su als Warnungen gesandt worden waren, wurde der wundervolle Kontinent Mu in einer Reihe von Natur-Katastrophen zerstört. Dies ereignete sich vor etwa 15.000 Jahren. Trotzdem hat die Menschheit ihre Lektion nicht gelernt. So setzte Gott Su die Taufe des Feuers frei, die uns, wenn wir nicht in uns gehen, völlig zu vernichten droht. Es ist die Mission der Japaner, die fünf Rassen wieder zu vereinigen und den Kaiser von Japan wieder auf

---

sich nicht mit den Einheimischen verheiraten dürften. Besonders die Tokugawa-Familie befürchtete, dass, wenn in Japan ein jüdischer Kaiser an die Macht kommen würde, die Autorität des Shogunats erschüttert würde. Diese politische Diskriminierung war der Ursprung der Eta (Eda), der Ausgestoßenen Japans." (*Quelle:* Davis (1980-p67-69), McVeigh (1997-p73-74); nach Steve Allerton, „Mahikari, Mu and the Emperor of Japan", 1999)

seinen rechtmäßigen Platz als irdischer Repräsentant des Gottes Su einzusetzen." (Ebd.; zit. n. Beier)

Beier weiter:

Wie in der modernen Auslegung der nordamerikanischen Hopi-Überlieferungen (vergl. dazu: Mythologische Grundlagen für die Pazifika-Hypothese) durch den ehemaligen NASA-Mitarbeiter Josef F. Blumrich (siehe: J.F. Blumrich, Kásskara und die sieben Welten. Die Geschichte der Menschheit in der Überlieferung der Hopi-Indianer, Knaur, 1999) findet sich auch in der synthetischen Mahikari-Mythologie das Motiv des nuklearen Showdown der beiden primhistorischen Großmächte des Paläolithikum, des ältesten Abschnitts der Steinzeit: Atlantis und Le(Mu)ria. Der folgende Auszug stammt aus der Transkription einer auf Tonband gesprochenen Rede des Retters, die anlässlich einer Monats-Anfangs-Zeremonie bei Suza, Takayama, am 6. Juni 1985 in Japan aufgezeichnet wurde.

Okada erklärte damals:

> „Die Kontinente von Atlantis und Mu führten einst einen schrecklichen, massiven Krieg, wobei sie sogar Wasserstoff-Bomben einsetzten. Darüber hinaus gab es Schlachten zwischen den Geistern der Venus sowie anderer Planeten und Menschen mit physischen Körpern in dieser Welt. Daher haben jene dieser spirituellen Abstammungs-Linien, die solche Schlachten verloren haben, spirituell extrem starke Vorbehalte gegen die heutige Menschheit entwickelt. Um euch die Wahrheit zu sagen, solche Geister sind es auch, die in großer Zahl an den heutigen Menschenwesen haften.

Es gibt Zeiten, da verlassen die anhaftenden Geister die Körper der Menschen auch mit der Kraft Gottes auf lange Zeit nicht. Und um euch den Grund dafür zu verraten, so hängt dies bis zu einem gewissen Grad damit zusammen, dass die Schlachten zwischen den spirituellen Abstammungs-Linien tatsächlich Aufstieg und Fall in der realen Menschheits-Geschichte bis in unsere heutige Zeit hinein beeinflussen. Heute haben die Geister, die einen extremen Hass und Ressentiments für die heutige Menschheit übrighaben, die eine Welt des Glücks aufbaut, sich zu einem Körper vereinigt. Mit anderen Worten, sie werden in äußerst organisierter Form aktiv.

Zudem mischen sich solche Geister, auch von anderen Planeten, unter die heutigen Menschen, indem sie sich in menschliche Wesen verwandeln. Beispielsweise sind Menschen aus der Zivilisation von Atlantis, die durch den Kontinent von Mu vernichtet wurde, heutigen Menschen nicht nur (als Geister) verbunden, sondern haben sich sogar als Menschen in dieser Welt reinkarniert. Zusätzlich hängen sich hasserfüllte Spirits ‚en masse' an solche Menschen und erschaffen eine noch schrecklichere Welt des Hasses. So funktioniert das." (Mahikari Australia Journal Vol.3 No. 8 August 1985 p. 8f, nach Steve & Yumi Allerton, „Mahikari - an Insight -A SHORT STUDY OF (SUKYO) MAHIKARI CULTURE", (zit. n. Beier)

Beier meint dazu:

„Nachdem wir nun erfahren haben, dass die Menschheit dem ständigen Zugriff übelwollender Entitäten aus Atlantis und von der Venus ausgesetzt ist, bleibt nur zu hoffen, dass wir Europäer samt unseren purpurnen, blau-grünen (vergl. dazu: Blaue ‚Götter' – einem Mythos auf der Spur auf nachzulesen im nachfolgenden Link:

http://atlantisforschung.de/index.php?title=Blaue_%27 G%C3%B6tter%27_-_einem_Mythos_auf_der_Spur)

sowie roten Brüdern und Schwestern aufgrund der uns bescheinigten Niederrangigkeit immun gegen diese okkulten Parasiten sind! Abschließend sollten wir nun aber doch noch einmal ernsthaft und etwas genauer betrachten, woher Okada seine ‚Kenntnisse' über das phantastische Mu tatsächlich bezogen hat."

Beier berichtet dann, dass Davis dazu auf die unübersehbaren Ähnlichkeiten zwischen Okadas Mu und dem Szenario des britischen Colonels James Churchward hinweist, der mit seinem „Mu" ‚eine weniger religiöse und transzendente Alternative zum theosophisch-anthroposophischen Lemuria (oder dem weniger bekannten der Rosenkreuzer) etablierte.'

„Der versunkene Pazifik-Kontinent wird unter Esoterikern (und Churchward hatte eindeutig eine ‚okkulte Ader') spätestens seit der 2. Hälfte des 20. Jahrhunderts vorwiegend als eine Art irdisches Himmelreich, als ‚Eden, Gärten der Hesperiden oder Elysische Felder' dargestellt. Zivilisationsgeschichtlich entspricht auch das Mahikari-Szenario auf den Punkt genau dem (heute veralteten) klassischen Diffusionismus des späten 19. Jahrhunderts und setzt eine ‚Ur-Kultur' voraus: ‚Es war ein ursprüngliches Paradies und die Ur-Heimat aller späteren Zivilisationen, materieller und spiritueller Kulturen, Alphabete und Rassen. Als solche wurde es leicht – wie bei Mahikari – zum Prototyp für die paradiesische Zivilisation der Zukunft."

(*Quelle*: Davis, 1980, p.80-p.83; nach Steve & Yumi Allerton, „Mahikari - an Insight -A SHORT STUDY OF (SUKYO) MAHIKARI CULTURE".

Nicht nur, dass die churchwardsche Mu-Symbolik ihren Niederschlag in der Selbstdarstellung von Mahikari findet, auch inhaltlich bildet Churchwards Opus ein Gerüst, dem Okada wesentliche Elemente für seine Version der Legende entlehnen konnte. Das stellen auch Allerton bzw. Davis fest, bei denen es wenig respektvoll über den Colonel und seinen Einfluss auf das Mahikari-Mu heißt: ‚Des Retters primäre Informations-Quelle in dieser Angelegenheit war der anglo-amerikanische Autor von Historical Fiction (oder besser: fiktiver Historien) Colonel James Churchward.'" (Beier im genannten Artikel).

Churchwards Evidenzen für die Verhältnisse auf Mu stammten Beier zufolge aus solch ‚ehrwürdigen' Quellen (Anführungszeichen durch Beier) wie den Tafeln von der Osterinsel, indianischen und Maya-Aufzeichnungen, den Naacal-Tafeln, dem Troano-Manuskript, den Aufzeichnungen von Lhasa und aus anderen Beweisen, die ‚in bestimmten Klöstern in Indien und Tibet aufbewahrt sind, deren Namen wunschgemäß nicht genannt werden'. Dass Churchward all diese ‚alten Aufzeichnungen' entziffern konnte, wurde durch seine einzigartige Methode zum Erlernen von Sprachen erklärt: „Er starrte einfach lange Zeit auf Worte und ließ die Energie ihrer Bedeutung in sein inneres Bewusstsein hinein." (Ebd.; nach Beier)

Beier weist zusammenfassend darauf hin, dass Churchwards Mu-Konstrukt aus konventionell-wissenschaftlicher Sicht gänzlich auf „heißer Luft" zu beruhen scheint, während Nonkonformisten unter den empirischen Forschern ihm zumindest zubilligen könnten, auf den seltsamsten, oft auch unzulässigen, Wegen einige interessante und prüfenswerte Spuren und Indizien für versunkene Landmassen und primhistorische Zivilisationen im Pazifik-Raum zusammengetragen zu haben. Für Okada sei das churchwardsche Mu-Konzept jedenfalls wesentlich brauchbarer gewesen als dasjenige des theosophisch-anthroposophischen Lemuria, auf das wir noch zurückkommen werden.

Beier stellt fest, dass sich deren versunkener Kontinent für seine Bedürfnisse ursprünglich nicht nur zu weit im Westen Japans befand (nämlich im Indischen Ozean), sondern bei Blavatsky, Scott-Elliot, Steiner et al. viel zu prominent die indische Hochkultur als Übermittlerin des uralten Wissens von der vorsintflutlichen Pazifik-Welt bemüht sei – und die war doch, laut Mioshie, lediglich ein Abklatsch des alten Mu-Japan. Churchwards Mu lag dagegen quasi vor der Haustür und musste nur noch „japanisiert" werden. „Hatte Churchwards polyethnisch besiedelter Kontinent noch unter ‚weißer' Vorherrschaft gestanden, übernahmen bei Okada ‚gelbe Herren' das Ruder, die ganz unverhohlen über ‚niederrangige' Nebenrassen herrschten?," fragt sich Beier und stellt fest, dass „natürlich auch Material aus Japan in den Mu-Komplex des Mahikari einfloss."

Davis stelle dazu, nach S. Allerton, fest:

> „Viele der Ideen, die Okada in Churchwards Bericht über Mu hineinwob, waren den ‚Aufzeichnungen' und ‚Altertümern' entnommen, die angeblich von der Takenouch-Familie in einem Schrein in der Ibaraki-Präfektur aufbewahrt wurden. Diese Angabe wurde von Yamane Kiku in seinem Buch mit dem Titel ‚The Authentic History of the World Secreted Away in Japan' aufgebracht. Aus diesem Buch – das der Retter als ‚Letztes Wort' bezüglich Alter Geschichte betrachtete – erfahren wir auch, dass Jesus in Japan starb und dass fast alle

anderen göttlichen und heiligen Männer der Welt[13] gegen Ende [ihres Lebens] das Land besucht haben." (McVeigh 1997-p74-75), nach Steve Allerton, „Mahikari, Mu and the Emperor of Japan", 28. Juli 1999) nach Beier.

Davis lässt Beier zufolge allerdings keinen Zweifel daran offen, was er von dieser „unterdrückten" Historie der Welt hält:

„Dasselbe Buch war eine der Quellen für Okadas Vorstellung [die sich so trefflich mit Churchwards Mu-Bericht in Einklang bringen ließ; Anm. Beier], dass die Schrift in Japan entdeckt wurde. Ich sollte hinzufügen, dass die ‚Briefe des göttlichen Zeitalters' (Shindaimoji) übrigens eine Schwindelei darstellten, die unter Shinto-Heimattümlern in der Tokugawa-Periode populär war, [und die] beispielsweise in Hirata Atsutanes ‚Jinji nichibunden' und Ochiai Naozumi's ‚Nihon kodai monjiko' [erwähnt werden].

Ban Niobatom (1775 - 1846) bestritt jedenfalls, so Davis, die Authentizität dieser Buchstaben, und zur Wende des zwanzigsten Jahrhunderts glaubte fast kein japanischer Gelehrter

---

[13] Beier merkt dazu an: Dazu heißt es bei McVeigh: „Aufzeichnungen in Schreinen zeigen, dass Moses und Jesus, doch auch Mohammed, Konfuzius, Mencius, Laotse und der Buddha alle Japan besucht haben. Der Buddha kam beispielsweise im Alter von zweiundfünfzig Jhren ins Land und wurde bei seiner Begegnung mit dem Sonnengott erleuchtet. Um die Lehren Buddhas verstehen zu können, muss man daher zunächst Japans Kannagara no michi (also das Shinto) meistern." (*Quelle:* McVeigh (1997-p74-75), nach Steve Allerton, „Mahikari, Mu and the Emperor of Japan", 28. Juli 1999); zit. n. Beier

mehr, dass sie echt seien. In der ultra-nationalistischen Periode, die dem Zweiten Weltkrieg vorausging, erhielten die Shindai-moji ihre Popularität zurück, insbesondere in solch patriotischen und militärischen Kreisen wie dem Rikugun Shikan Gakko, wo der Retter erzogen wurde. Die wirkliche Bedeutung dieser Briefe war ideologischer Natur. Moderne Linguisten sind überzeugt, dass die Shindaijoji mehr oder weniger Kunst-Produkte waren, die dazu geschaffen sind, das japanische Gefühl der Unterlegenheit gegenüber Chinas Sprache und Literatur zu kompensieren, und dass sie Bestandteil nationalistischer Idealisierung des alten Japans waren. (Ebenda, zit. n. Beier)

DER NATURWISSENSCHAFTLICHE URSPRUNG DER LEMURIA-IDEE

Bernhard Beier weist in seinem Artikel *„Der naturwissen-schaftliche Ursprung der Lemuria-Idee“* auf

http://atlantisforschung.de/index.php

mit Recht darauf hin, dass der Begriff *Lemuria* eigentlich aus der Terminologie der modernen Naturwissenschaft des 19. Jahrhunderts und nicht etwa aus esoterischen Quellen stammt, wie wir bei Lyon Sprague de Camp nachlesen können.

Dieser schreibt:

> „Zwischen 1860 und 1870 stellte eine Gruppe britischer Geologen, darunter Stow und Blanford in Indien und Griesbach in Afrika, eine auffallende Ähnlichkeit zwischen bestimmten Erdfor-mationen in Indien und Südafrika fest. William T. Blanford wies auf die Gleichartigkeit von Gestein und Fossilien eines Fundes aus der Perm-Periode[14] in Zentralindien, einem Landstrich namens Gondwana, und einer ähnlichen Ablagerung in Südafrika hin.

---

[14] Sie begann vor etwa 298,9 Millionen Jahren und endete vor etwa 252,2 Millionen Jahren.

Gondwana bedeutet ‚Land der Gond', einem Jägerstamm, der dieses Gebiet bewohnte und der einst den scheußlichen Kultus ausübte, Menschen langsam in magischen Ritualen zu Tode zu quälen, um dadurch die Ernte zum Gedeihen zu bringen. [...] Blanford und seine Kollegen folgerten aus ihren Beobachtungen, dass Südafrika und Indien einst durch eine Landbrücke verbunden waren, die Madagaskar mit seinen eigentümlichen Ausbuchtungen, die Aldabra-Inseln mit ihren riesigen Schildkröten, die weitläufigen Seychellen-Riffe, die Malediven und Lakkadiven miteinschloss. Diese Inseln und Riffe seien die Bergspitzen einer riesigen submarinen Gebirgskette, die sich von Afrika bis zum Südzipfel von Indien erstreckte."

(Beier nach: L. Sprague de Camp, Versunkene Kontinente – Von Atlantis, Lemuria und anderen untergegangenen Zivilisationen, >Erstveröffentlichung: 1954<, Heyne Verlag >München<, 1977, S. 61, 62)

Auf diese Hypothese von Stow, Blanford et al. wurden Beier zufolge auch der österreichische Paläontologe Melchior Neumayr (1845 - 1890) und der Naturforscher Ernst Haeckel (1834 - 1919) aus Deutschland aufmerksam, die sie begeistert aufgriffen. Neumayr unternahm 1887 in seiner *„Erdgeschichte"* den ersten bekannten Versuch, eine paläogeographische Weltkarte zu erstellen, „die seine Vorstellungen von der Gestalt der Welt im Jura, der mittleren Epoche des Mesozoikums, zeigt. Es [gehört] dazu ein großer ‚brasilianisch-äthiopischer Kontinent', dessen Südostecke in eine ‚indomadegassische Halbinsel' ausläuft, die Blanfords Landbrücke entspricht." (Ebd., S. 62)

Über den „Datenfälscher Haeckel" [Begriff angewandt von Beier; Anm. RMH] (s. Jüngst, Hugo C.: Ernst Haeckel - ‚Baron Münchhausen' des Darwinismus auf *http://atlantisforschung.de/index.php?title=Ernst_Haeckel_-_%27 Baron_M%C3%BCnchhausen%27_des_Darwinismus*)

stellt Sprague de Camp nach Beier fest:

> „Ernst Haeckel war für Deutschland das, was Thomas Huxley [ein britischer Biologe und vergleichender Anatom, Bildungsorganisator und Hauptvertreter des Agnostizismus, dessen Begriff er prägte und durchsetzte; Anm. RMH] für England war – der unüberhörbare und angriffslustige Verfechter der revolutionären Ideen von Darwin. Haeckel kam die Vorstellung von einer indomadegassischen Landbrücke gerade recht, um die Verbreitung der Lemuren zu erklären, Tierwesen, die wie eine Kreuzung zwischen Eichhörnchen und Affen aussehen und die in der Abstammungslehre hinter den Affen rangieren. Lemuren gibt es auf Madagaskar sowie vereinzelt in Afrika, Indien und auf dem malaiischen Archipel. Wenn die madegassische Landbrücke im Perm und Jura bestanden hatte, so überlegte Haeckel, warum dann nicht auch noch im Känozoikum, dem Zeitalter der Säugetiere?“

Haeckel spekulierte sogar darüber, „ob dies versunkene Land nicht die Wiege der Menschheit gewesen sei“. (Ebd.; zit. n. Beier)

Als Namensgeber dieses Landes fungierte allerdings nicht er selbst, sondern (1864) der britische Zoologe und Pionier der Biogeographie, der Wissenschaft von der geografischen Verbreitung der Tiere und Pflanzen, Philip L. Sclater (1829 - 1913), über den der heutige Wissenschaftshistoriker und Soziologe Stefan Wogawa in seinem Aufsatz *„Urkontinent Lemuria“ – Von der wissenschaftlichen Hypothese zur okkultistischen Spekulation*

(Stefan Wogawa, *Urkontinent Lemuria" – Von der wissenschaftlichen Hypothese zur okkultistischen Spekulation,* MYSTERIA 3000, 2002, online unter

http://www.mysteria3000.de/wp/?p=117)

schreibt:

> „Sclater hatte Jura und Naturwissenschaften studiert, arbeitete zur Systematik und Tiergeographie der Wirbeltiere, insbesondere der Vögel, war ab 1859 Sekretär der Zoological Society (London), von 1877-82 Generalsekretär der British Association for the Avancement of Science, gab die Zeitschriften ‚Ibis' sowie ‚Natural History Review' heraus, unternahm zahlreiche Forschungsreisen. [...]
>
> Er hatte bereits 1858 in einem Artikel die weltweite Verbreitung der Vögel beschrieben und dazu sechs tiergeographische Regionen benannt. [...] Sechs Jahre später beschäftigt er sich mit den Säugetieren Madagaskars. Deren Analyse und Vergleiche mit Afrika und Indien brachten ihn zu der Vermutung, im atlantischen und indischen Ozean habe einst ein Urkontinent bestanden, der vom heutigen Amerika bis nach Indien reichte und später zerbrach. Eine wichtige Rolle in seinen Überlegungen spielten die Halbaffen der Familie Lemuridae, die mit unterschiedlichen Vertretern in Afrika, Madagaskar und Indien vorkommen. Auf diese Tierfamilie bezieht sich Sclater bei der Benennung des Kontinents: ‚I should propose the name Lemuria!'"
>
> [‚Ich würde den Namen Lemuria vorschlagen!' Anm. RMH]

Wir wissen nun, *wann* und unter welchen Umständen der Begriff „Lemuria" entstanden ist, stellt Beier fest und weiter:

> „Außerdem haben wir erfahren, dass das (Kunst-)Wort ‚Lemuria' in der ‚Welt der Wissenschaft' eine frühe Landmasse

im heutigen Pazifik bezeichnet, die allerdings schon vor Millionen von Jahren versunken sei. Dies soll im Übrigen recht unspektakulär, Millimeter für Millimeter, im Verlauf unzähliger Jahrhunderte erfolgt sein, wie es das aktualistische [15] Paradigma fordert. Dies alles müsste also *lange* vor der Ära des *Homo sapiens sapiens*, des modernen Menschen, geschehen sein.

Die Konsequenz scheint klar: Jedem Betrachter, der sich folgsam an den derzeitigen wissenschaftlichen Vorgaben zur Erdgeschichte, Anthropogenese[16] und jüngeren Menschheitsgeschichte orientiert, muss ein von Menschen oder entwickelten Hominiden bewohntes ‚Lemuria' zwangsläufig als intellektuelle Seifenblase erscheinen. Der potenzielle Urkontinent kann – falls die herrschenden Lehrmeinungen zutreffen – nichts mit der jüngeren Menschheits-Geschichte zu tun haben, und natürlich kann es keinerlei menschliche Erinnerungen an diesen alten Kontinent geben."

---

[15] Der Aktualismus gilt als ein zentrales Paradigma und grundlegendes Konzept oder Denkmodell der Mainstream-Geologie, das besagt, in der Vergangenheit der Erde seien ausschließlich „schleichende" Prozesse wie die Erosionskräfte von Wind und Regen, Ebbe und Flut, sowie die Auswirkungen tektonischer Prozesse oder auch der Biosphäre auf die Erdoberfläche wirksam gewesen, die auch heute bzw. in rezenten (prä-) historischen Perioden zu beobachten sind bzw. waren.

[16] Die Anthropogenese oder Anthropogenie bezeichnet die Entwicklungsgeschichte des Menschen, i.w.S. auch die ontogenetische Entwicklung (Embryonalentwicklung) mit einbeziehend sowie die Entwicklungsgeschichte des Menschen (Hominisation, Menschwerdung) von den Anfängen der Hominiden bis zum Jetztmenschen (Homo sapiens sapiens).

Nun wollen wir nach den mythologischen Grundlagen für die Lemuria-Hypothese schauen.

MYTHOLOGISCHE GRUNDLAGEN FÜR DIE LEMURIA-HYPOTHESE?

„Die Sagen, Legenden und Mythen sogenannter ‚Naturvölker' sowie der alten ‚Hochkulturen' gehören seit jeher zu den Quellen, aus denen die empirisch und naturwissenschaftlich ausgerichtete Atlantisforschung Hinweise auf eine – oder mehrere – versunkene Zivilisationen im Großraum des Atlantischen Ozeans gezogen hat", sagt Beier in seinem Artikel „Mythologische Grundlagen für die Pazifika-Hypothese?" auf

http://www.atlantisforschung.de/index.php?title=Mythologische_Grundlagen_f%C3%BCr_die_Pazifika-Hypothese%3F

Daher sei es für Atlantologen, die sich mit dem Le(Mu)ria-Problem konfrontiert sehen, wie er einer ist, ganz selbstverständlich, zunächst einmal die mythologischen Grundlagen zu prüfen, um erste Anhaltspunkte für eine systematische Suche nach Indizien und Evidenzen zu gewinnen.

Beier beginnt seine Umschau mit der indischen Mythologie, „aus der sich die esoterischen Verfechter Le(Mu)rias so ausgiebig bedient haben. Tatsächlich stoßen wir bei unserer Suche schnell auf – angeblich weit prähistorische – Überlieferungen, die von gewaltigen Landgebieten berichten, welche um das heutige Sri Lanka herum existiert haben sollen."

Beier bezieht sich dabei auf den namentlich nicht genannten Autor des Artikels „Kumari Nadu or Lemuria – Was it ten million years ago?" (Waren es zehn Millionen Jahren):

„Südindische Manuskripte nannten diese [Landmassen] ‚Kumari Nadu‘.[17][...]

Sie erstreckten sich bis weit über das heutige Kanyakumari am äußersten Süd-Zipfel Indiens hinaus. Diesen historischen Schriften zufolge war dies das pandyanische Königreich. Zwei mächtige Flüsse, ‚Kumari‘ und ‚Pahroli‘, durchströmten das Land. Die Distanz zwischen den beiden entspricht in heutigen Begriffen etwa 7000 Meilen. Die Schriften erwähnen eine Entfernung von 700 Kavadam.“ (Anonymus, „Kumari Nadu or Lemuria – Was it ten million years ago?“

„Im Internet haben wir sogar eine Karte von Kumari Nadu[] entdeckt“, fährt Beier fort, über deren Quelle es heißt:

„Govindams [mittelalterliche Schrift] ‚Babaja and the 18 Siddha Kriya Yoga Tradition‘ zeigt eine Karte von Indien um 30.000
v. Chr., auf welcher Indien mit Australien verbunden ist (sie zeigt zudem [den legendären] Mount Meru als einen der [dortigen] Berggipfel – andere Quellen stellen Mt. Meru an den Nordpol [vergl. dazu: B. G. Tilak, W. F. Warren und ihr nordpolares Inselreich der Vorzeit; auf

---

[17] Beier merkt an: „In der – zumindest in Bezug auf erd- menschheits- und zivilisationsgeschichtliche Themen - rigoros szientistisch und neo-scholastisch ausgerichteten, deutschsprachigen Online-Enzyklopädie Wikipedia, wo die Möglichkeit versunkener Landmassen und Ur-Kulturen prinzipiell abgestritten wird, stellt man auch ‚Kumari Nadu‘ als ideologisches Konstrukt dar. Siehe dort das Stichwort: ‚Kumarikkandam‘“

http://www.atlantisforschung.de/index.php?title=Mythologische_Grundlagen_f%C3%BCr_die_Pazifika-Hypothese%3F . [Red.],

oder [betrachten ihn] als eine andere Bezeichnung für die Große Pyramide in Ägypten!)." (Beier nach:

https://atlantisforschung.de/index.php?title=Satellitenbil-der_enth%C3%BCllen:_Ein_k%C3%BCnstlicher_Damm_verband_Indien_und_Sri_Lanka

Interessant erscheint Beier im Zusammenhang mit diesen Legenden auch die Entdeckung von „Adams Bridge" im Jahr 2002. Bei dieser, möglicherweise künstlichen, Struktur handelt es sich um eine ungefähr 30 Kilometer lange Landbrücke zwischen Indien und Sri Lanka, die vor dem endglazialen Ansteigen der Meeresspiegel noch trocken gelegen haben müsse und verweist dabei auf den Artikel „Satellitenbilder enthüllen: Ein künstlicher Damm verband Indien und Sri Lanka auf

*http://atlantisforschung.de/index.php?title=Satellitenbilder_*)."

Beier vergleicht dies mit einer Stelle aus dem Hindu-Epos Ramayana, in dem es heißt:

„In diesem Epos wird eine Brücke erwähnt, die unter Aufsicht einer dynamischen und unüberwindlichen Person namens Rama, die man [im Hinduismus] als Inkarnation des höchsten Gottes betrachtet, zwischen Rameshwaram (Indien) und der srilankischen Küste gebaut wurde. Diese Information mag für die Archäologen keine große Bedeutung haben, die sich für die Erforschung der Ursprünge des Menschen interessieren, aber sie kann sicherlich den Menschen dieser Welt die spirituellen Pforten öffnen, um eine Ur-Geschichte kennenzulernen, die mit der indischen Mythologie verbunden ist." (Beier nach:

Anonymus, „NASA Images Discover Ancient Bridge Between India & Lanka“ (nach INDOLINK) zunächst bei VNN Vaishnava News (VNN7592), 7. Oktober 2002.

Beier meint dazu, dass es uns nicht zu irritieren bräuchte, dass diese Geschichte sich angeblich im Treta-Yuga (vor mehr als 1.700.000 Jahren) ereignet haben soll, zu einer Zeit also, in der sich dort nach den tamilischen Legenden die Landmasse Kumari Nadu befand und in der der moderne Mensch nach Lesart westlicher Wissenschaft noch gar nicht existiert hat. Es gäbe nämlich kaum etwas Interpretations-Bedürftigeres als altindische mythische Zeitangaben und so sollten wir uns zur Auslegung solcher Berichte also lieber auf das Offensichtliche verlassen. Und so stellt er zur ‚Adams Bridge‘ fest:

„Entweder ist diese Struktur natürlichen Ursprungs, was geologisch für eine ehemalige Verbindung der Landmassen Indiens und Sri Lankas sprechen würde, oder aber sie ist ein monumentales Bauwerk von Menschen; auch in diesem Fall dürfen wir davon ausgehen, dass natürliche Bodenformationen das Fundament dieses kolossalen Bauwerks bilden. Darüber hinaus drängt sich die Frage auf, welche Zivilisation in der Lage war und ein Interesse daran hatte, am Ende der jüngsten Eiszeit ein derart monströses Großprojekt wie diese 30-Kilometer-Landbrücke zu realisieren.“

Im Gegensatz zu Churchwards Mu war Kumari Nadu, den Legenden folgend, eine durchaus gebirgige Gegend, wie Beier durch das folgende Zitat belegt:

„Das Land war durchzogen von Bergen und [wies] eine verwirrende Vielzahl an Flora und Fauna eines vergangenen Zeitalters [auf]. Die Halbinsel Indien erstreckte sich von Kanya

Kumari in Form eines ausgedehnten Kontinents, der im Westen an Afrika, im Süden an Australien stieß, und der einen großen Teil des Indischen Ozeans einnahm. [...] Rubine wurden aus dem Berg Mani Malia und Gold aus dem Berg Meru geschürft. Das Gold wurde in den Tempeln verwendet. Die Bergkette wies achtundvierzig hohe Gipfel auf. Wertvolle Steine wurden von chinesischen Arbeitern abgebaut. Alt-chinesische Chroniken bestätigen, dass eine Masse von [Gast-]Arbeitern im Königreich Pandya tätig war." (Beier nach: Anonymus: „The Lost Continent of Kumari Kandam" Online unter:

https://atlantisforschung.de/index.php?title=Gympie_-_Zeugnisse_einer_verschollenen_Kultur

Das pandyanische Königreich soll aus sieben Einzelstaaten („Nadus") mit den folgenden Namen bestanden haben: „Thahga, Madurai, Munpalai, Pinpalai, Kunra, Kunakkarai, und Kurumparai", wobei jeder dieser Staaten wiederum aus sieben Provinzen zusammengesetzt war. Das Verhängnis, das zum Ende dieses Reiches führte, soll bereits vor etwa 30.000 Jahren seinen Anfang genommen haben:

„Zwischen 30.000 v. Chr. und 2.700 v. Chr. ereigneten sich natürliche kataklysmische Erdrutsche infolge von Erdbeben und Vulkan-Ausbrüchen, welche periodisch die Erdoberfläche und die Meeresböden in Mitleidenschaft zogen. Als der westliche Teil des Kontinents [...] versank, zogen die Menschen nach Asien, ins Nil-Tal, nach Australien und in die Länder des Pazifiks, die Mu bildeten. Die Lemurier kolonisierten auch Nord- und Südamerika [und] formten [das Reich] von Atlantis und die Inka-Zivilisation." (Ebd.; nach Beier)

Auch Migrationen nach Australien habe es von Kumari Kandam aus gegeben und die heutigen Aborigines seien Abkömmlinge der dunkelhäutigen Ur-Tamilen. Der australische Alternativ-Historiker Brett Green (siehe: „Gympie - Zeugnisse einer verschollenen Kultur“ auf:

http://atlantisforschung.de/index.php?title=Gympie_-_Zeugnisse_einer_verschollenen_Kultur)

weise zudem im Zusammenhang mit Lemuria auf uralte Überlieferungen von Aborigines im australischen Queensland hin, nach denen ihr Land einst den Namen „Dhamuri“ trug. Green schreibt:

> „‚Dha‘ bedeutet dort ‚Land / Platz der Leute‘, während sich die Silbe ‚-ri‘ auf ‚Besitz / gehören zu‘ bezieht. ‚Mu‘ steht für ‚Heimat / Mutter- oder Geburtsland‘. Den Begriff ‚Dhamuri‘ könnte man also in etwa übersetzen: ‚Das Land, das zu Mu / zum Mutterland gehört‘“ (Brett Green, Korrespondenz mit B. Beier, 2002). Arysio Nunes dos Santos verweist zudem darauf, dass ‚Mu‘ auch im Dravidischen ‚Mutter‘ bedeute (Beier nach: Frank Joseph, „Mu“ gefunden? - Im Pazifik versunkene Hochkultur zwischen Japan und Taiwan entdeckt!“, EFODON-SYNESIS Nr. 22/1997).

Beier resümiert:

> „Wie wir bereits zuvor festgestellt haben, ist die historische Authentizität des Namens ‚Mu‘, den James Churchward populär gemacht hat, keineswegs unumstritten. Zumindest müssen wir voraussetzen, dass seine an Landa, Brasseur de Bourbourg und Le Plongeon angelehnte Übersetzung des Begriffs aus dem Maya-Werk ‚Codex Troano‘ höchst zweifelhaft ist [...]. Allerdings ist uns nicht bekannt, ob Churchward in seinem

umfangreichen Gesamtwerk auch Querverweise auf belegbare Mythen aus Asien, dem pazifischen Großraum oder auch aus Amerika vorbringt; in der uns bisher zugänglichen Sekundär-Literatur sind wir jedenfalls auf keine Hinweise dazu gestoßen.

Der Name oder Begriff ‚Mu' taucht jedoch – völlig unabhängig von Churchward – nicht nur bei den Aborigines aus Queensland und den Draviden auf, sondern auch in der Mythologie und Historie der asiatischen Japaner. Im antiken Japan wurden, wie Frank Joseph feststellt, ‚die Namen der ersten halblegendären Kaiser beispielsweise als Jimmu, Timmu, Kammu etc. überliefert – oder als Jim, Tim und Kam von ‚Mu' –, womit auf ihre Herkunft von einem untergegangenen Zentrum vorsintflutlicher Größe angespielt wurde. Im Norden Japans heißt ein Fluss Mu. Dort zumindest ist der Name mit dem Wasserelement verbunden. Bemerkenswerterweise bedeutet das Wort auf japanisch ‚nichts', oder, etwas, das nicht existiert', ebenso auf koreanisch, vielleicht ein Überbleibsel der Vor-Zivilisation, die nicht [mehr] existiert'. (Beier nach: Frank Joseph, „Mu" gefunden? - Im Pazifik versunkene Hochkultur zwischen Japan und Taiwan entdeckt!", EFODON-SYNESIS Nr. 22/1997)

Es wird daher nicht verwundern, meint Beier, dass die spektakulären Funde von Yonaguni (auf die wir noch zurückkommen werden) gerade in Japan entsprechende Assoziationen hervorriefen. „Als die versunkene Stadt bei Okinawa aufgefunden wurde, identifizierten sie", wie Joseph feststellt, viele „Japaner daher gleich als das untergegangene ‚Mu', von dem sie schon so viele Generationen vor Churchward gehört hatten." (Ebd.)

Auch auf der Osterinsel finden sich Legenden über alte Reiche und versunkene Landmassen. So verwies Nikolai Zhirov 1970 auf eine Überlieferung, auf welche Thor Heyerdahl bei seiner Kon-Tiki-Expedition stieß.

> „Dieser Legende zufolge verursachte ein Riese namens Uwoke in einem Wutausbruch den Untergang eines großen Kontinents, dessen Überrest die Osterinsel sei. Daher der seltsame Name der Insel: Te-Pito-Te-Chanua, was ‚Mittelpunkt der Welt' bedeutet." (Beier nach: N. Zhirov: „Atlantis - Atlantology: Basic Problems", Honolulu / Hawaii, 2001 (Reprint von 1970, Moskau)

Damit besteht, wie Beier zu Recht anmerkt, zumindest ein begründeter „Anfangsverdacht", dass auch diese entlegenen Inseln einst zu einer kleinkontinentalen Landmasse oder Großinsel gehört haben könnten, auf der bereits Menschen lebten. Aus späterer Zeit, in der bewohnte Relikt-Inseln des namenlosen Kontinents vom Meer verschlungen wurden, scheinen andere Mythen zur Besiedlung der Osterinsel zu stammen, die ebenfalls im Zusammenhang mit einem versunkenen Reich der Vorzeit stehen, stellt Beier weiter fest. Über sie berichtete 1996 der Alternativ-Historiker und Paläo-SETI-Forscher Walter-Jörg Langbein:

> „Es soll einmal irgendwo in der Südsee, weit im Westen der Osterinsel, ein paradiesisches Eiland gegeben haben, ‚Maori Nuinui', ‚Groß Maori' genannt. König Taenen Arei regierte das Land in einer schweren Notzeit, versanken doch immer größere Teile der Insel für immer in den Fluten, war doch alles Leben der Bewohner bedroht.
>
> Hotu Matua, Sohn Taenen Areis, übernahm die Regierungsgewalt. Er sandte die besten Seeleute aus. Sie sollten eine neue Insel entdecken. Doch die Kundschafter kehrten immer wieder enttäuscht zurück. Kein neues Land war in Sicht.
>
> Als niemand mehr an eine mögliche Rettung glaubte, da griff Make Make, der fliegende Gott, ein. (Er heißt tatsächlich „Make Make".) Er trug Hau Maka [einen heiligen Mann; Anm.

Beier] durch die Lüfte und setzte ihn auf einer ihm unbekannten Insel ab. Der Gott erklärte dem staunenden Priester genau, wie man von seiner Heimat zur neuen Insel gelangen konnte. Er zeigte ihm Felsenriffe und Vulkane, er ‚gab allen Dingen, die der Priester nicht kannte, einen Namen'.

Am Fuß des Vulkans geschah Merkwürdiges. Der Priester entdeckte ‚weiches Gestein' [...]. Hau Maka betrachtete es neugierig, trat näher und stellte fest, dass ‚seine Füße darin einsanken', als er einige Schritte auf dem Felsen mit der weichen Oberfläche tat. Er hinterließ deutlich sichtbare Abdrücke. Make Make unterrichtete den Gottesmann noch im Gebrauch von Schilfrohr, etwa für den Häuserbau, dann flog er ihn in seine vom Untergang bedrohte Heimat zurück. Schließlich verschwand der fliegende Gott wieder in den Lüften.

Der Priester konnte sich sein Erlebnis nur als ‚Traum' erklären, viel zu phantastisch erschien ihm das Erlebte. Trotzdem berichtete er alles seinem König. Der schickte sofort die sieben besten Seemänner los. 30 Tage später fanden sie das vom Priester exakt beschriebene Eiland, 40 Tage benötigten sie für die Rückfahrt. Kaum wieder daheim, berichteten sie dem König vom erfolgreichen Verlauf ihrer Mission. Nur wenige Tage später brach das gesamte Volk von Groß Maori auf und erreichte nach 120 Tagen die neue Heimat, die Osterinsel. Die Urheimat soll, wie Atlantis, in den Fluten des Meeres versunken sein. Zurück blieben Erinnerungen an die Zeit, bevor die Sintflut kam." (Beier nach: Walter-Jörg Langbein, „Bevor die Sintflut kam – Von Götterbergen und Geisterstädten, von Zyklopenmauern, Monstern und Sauriern", Ullstein, 1998, S. 301f)

Langbein schreibt darüber hinaus zur mythologischen Auswertung dieser Legende:

„Osterinsel-Experte Paul Teave ist überzeugt: Diese Überlieferungen sind Tatsachenberichte. Ähnliche Auskünfte hatte mir bereits Fritz Felbermayer bei Recherchen zu meinem Buch ‚Astronautengötter' erteilt. Der seriöse Forscher ist nicht zuletzt wegen seines Buches ‚Sagen und Überlieferungen der Osterinsulaner' als eine Autorität in Sachen Osterinsel anerkannt. Ob seiner Verdienste um die einsamste Insel der Welt, wurde er mit dem Orden ‚De Merito de Jose Miguel Carrera' ausgezeichnet. Als einziger Ausländer wurde er in den ‚Rat chilenischer Geschichte' berufen." (Ebd., S. 303; zit. n. Beier)

Langbein fragte Dr. Felbermayer in einem Interview: ‚Inwieweit beruhen die Mythen, die über die Besiedlung der Osterinsel berichten, auf tatsächlichen Begebenheiten?' Die Antwort des Mythologen fiel mehr als eindeutig aus: ‚Es ist meine felsenfeste Überzeugung, dass diese Überlieferung eine absolut wahre Begebenheit beschreibt. Von den alten Insulanern wird diese Tatsache so klar und ohne Zögern wiedererzählt und immer in derselben Weise. Es werden Namen genannt, die einfach nicht erfunden wurden. So konnte ich diese Begebenheit ohne jeden Zusatz aufschreiben. Im Vorwort meines Buches habe ich auf eine Sache hingewiesen, die Sie lesen müssen: ›Wenn derjenige, der gerade erzählte, sich irrte oder auch nur einige wenige Worte änderte, die an sich ohne Bedeutung waren, so protestierten die Zuhörer so lange, bis der Sprecher die Worte genauso wiedergab, wie sie ihre Vorfahren berichteten‹.' (Ebd.; zit. n. Beier)

Ganz ähnliche Methoden zur authentischen Konservierung mündlicher Überlieferungen kennen wir übrigens auch von einem der ältesten Völker Nordamerikas, den Hopi (vgl. dazu z.B.: „J.F. Blumrich, „Kásskara und die sieben Welten, Die Geschichte der Menschheit in der Überlieferung der Hopi-Indianer", Knaur,

1999), die wir nicht zufällig in diesem Kontext erwähnen. In Mittelamerika, das die „Friedlichen Leute“ einst durchwandert haben wollen, genauer gesagt in Guatemala, wurde vor einigen Jahren ein archäologischer Fund gemacht, der eine direkte Verbindung seiner frühen Bewohner zur Südsee nahelegt, nämlich eine gewaltige Statue, die frappierend den steinernen Kolossen auf der Osterinsel ähnelt. „Dr. Oscar Rafael Padilla Lara aus Guatemala, der zeitweise in Florida lebt“, erklärte Langbein gegenüber, dass bereits 1951 auf dem Gebiet der ‚Los Encuentros‘-Plantage, San Felipe, Departement Retalhuleu in Guatemala, ein erstaunliches Monument gefunden wurde. Es ist etwa acht Meter hoch und hat an der Basis einen Durchmesser von vier Metern.

> „Da starrt ein steinernes Gesicht in den Himmel. Vor allem die Nase und die hochmütig wirkenden Lippen erinnern tatsächlich an die Riesenstatuen der Osterinsel. Fragen über Fragen ergeben sich. Wann wurde der Koloss aus dem Stein gemeißelt? War er ein Einzelstück oder gibt es in den unergründlichen Wäldern Guatemalas weitere ähnliche Skulpturen? Waren die gleichen Künstler am Werk wie auf der Osterinsel? Und wann? Oder entstanden die Skulpturen unabhängig voneinander?“ (Walter-Jörg Langbein, op. cit., S. 306; zit. n. Beier)

Der amerikanische Physiker William R. Corliss weist, wie Beier weiter ausführt, in Science Frontiers auf einen Brief an ‚Archaeoastronomy‘ hin, in dem der Autor Jim Wheeler verschiedene Evidenzen vorstellt, die nahelegen, dass in der Tat prähistorische Kontakte zwischen Südamerika und der Osterinsel stattfanden, wie sie auch Thor Heyerdahl vorausgesetzt hat. So enthüllten 1981 Exhumierungen aus Gräbern auf der Osterinsel, dass einige der dort befindlichen Skelette zu amerikanischen Indianern gehörten. Zudem scheint die Skulptur von Los

Encuentros in Guatemala nicht das einzige derartige Relikt zu sein, wie Wheeler feststellt:

> „Die gravierte Steinmauer von Vinapu auf der Osterinsel ist beinahe identisch mit südamerikanischen Stein-Strukturen bei Pisac und Machu Picchu." (William R. Corliss, „SOUTH AMERICAN-POLYNESIAN CONTACTS AT EASTER ISLAND", Science Frontiers Nr. 29, Sept. / -Okt. 1983, online unter
>
> *https://atlantisforschung.de/index.php?title=J%C3%BCrgen_Hepke*
>
> Corliss bezieht sich auf: Wheeler, Jim; „Comment on Ben Finney's Review," Archaeoastronomy, 5:8, July-September 1983; zit. n. Beier).

Nicht nur die Überlieferungen der Osterinsel-Bewohner (siehe oben), sondern auch die Legenden der Hopi sprechen davon, dass ihr Volk ursprünglich von einer enormen Großinsel oder einem Kontinent im Pazifik stammen soll, stellt Beier fest. Diese Landmasse namens „Kásskara" sei, wie sie sagen, vor etwa 80.000 Jahren im Pazifik versunken. Die Hopi-Mythen berichten darüber, wie es bei J.F. Blumrich heißt:

> „Es war ein großer Erdteil, viel größer als Atlantis [„Taláwaitíchqua"; Anm. Beier]. In der Hauptsache lag er südlich und nur zum kleineren Teil nördlich des Äquators. Auch Hawaii existierte zu jener Zeit schon, scheint aber nicht zum Kontinent gehört zu haben. Die Osterinsel ist offenbar ein Überbleibsel einer Ost- oder Südküste oder eines dort vorspringenden Landesteils.
>
> Abgesehen von diesen beiden Anhaltspunkten haben wir keine unmittelbaren Angaben über die Größe und Form von ‚Kásskara' [...]. Die Lebensbedingungen waren sehr günstig,

worauf schon die Lage in einem tropischen oder subtropischen Klima hindeutet. Es war also ‚fast wie im Paradies'. Das heutige Amerika lag zu dieser Zeit angeblich noch unter Wasser, aber weit östlich von ‚Kásskara' lag der kleinere Kontinent ‚Taláwaitíchqua', das ‚Land im Osten'. Letzteres ist eine ganz erstaunliche Bezeichnung, weil sie die amerikanischen Kontinente außer Acht lässt. An ihrer Stelle lag ein weiter Ozean zwischen ‚Kàsskara' und ‚Taláwaitíchqua' / Atlantis." (Beier nach J.F. Blumrich, „Kásskara und die sieben Welten, Die Geschichte der Menschheit in der Überlieferung der Hopi-Indianer", Knaur, 1999, S. 204f)

Beier sagt dazu:

„Wie Blumrich weiter feststellt, soll sich, nach Aussage der Hopi, von ‚Kásskara' aus eine Inselkette nach Osten und Südosten erstreckt haben. Das Ende dieses alten ‚Ozeans' stand bevor, als ‚Táotoóma' [d.h. Amerika; Anm. Beier] aus den Wassern aufstieg. Bis dahin war das Meer sehr lange ungestört geblieben, doch es war nicht immer dort gewesen. In einem sehr viel früheren Zeitalter der Erdgeschichte hatte es zwei ältere amerikanische Kontinente gegeben, während ‚Kásskara' unter Wasser lag. Dieses ältere Amerika war die Zweite Welt [wo die Hopi lebten, bevor sie nach ‚Kásskara' übersiedelten; Anm. Beier]." (Ebd.; zit. n. Beier)

Blumrichs Gewährsmann, der Weiße Bär, beschreibt diesen Prozess mit folgendem Vergleich:

„Es ist wie eine Wippe; einmal ist der eine Kontinent oben und der andere unten und dann wieder liegt der zweite oben und der erste unten."

Blumrich merkt dazu an:

„Im Fall von ‚Kásskara' haben wir keine greifbaren Beweise für diese geologische Wippe, doch für das wiederholte Auf- und Untertauchen der amerikanischen Kontinente gibt es unbestreitbare Anzeichen." (Ebd., S. 205)

Beier resümiert:

„Halten wir abschließend dazu fest, dass Blumrich ‚Kásskara' (analog zur Meinung von Autoren wie Collins oder Hepke [Beier bezieht sich auf den Diplomingenieur und Autor Karl Jürgen Hepke, s. Jürgen Hepke auf:

http://atlantisforschung.de/index.php?title=J%C3%BCrgen_ Hepke [über Atlantis]; Anm. RMH)

nicht unbedingt als kompakten Groß-Kontinent interpretiert:

Wir müssen aber auch die Möglichkeit in Betracht ziehen, dass Kásskara nicht ein einziger riesiger Kontinent war, sondern aus einer Gruppe kleinerer Landmassen, beispielsweise von der Größe Australiens oder Europas, bestand. Jedenfalls wissen wir zu wenig, um eine Karte zeichnen zu können. Wie auch immer die Geographie dieses Gebietes ausgesehen haben mag, die gesamte Landfläche war groß und kann in Ausdehnung dem heutigen Asien vergleichbar gewesen sein. Sie überspannte 40 bis 50 Breitengrade und etwa 60 bis 90 Längengrade. Sie erstreckte sich um weniger als 20 Grad nördlich des Äquators, doch bis zu 30 oder mehr Grad nach dem Süden ..." (*Quelle*: Ebd., S. 207f; zit. n. Beier)

Dem Thema ‚Kàsskara' möchte ich ein eigenes Kapitel widmen. Zuvor jedoch möchte ich ganz kurz auf einen angeblichen Kontinent namens „Pan" eingehen, auf den sich eine Anthropologin bezieht.

DAS MÄRCHEN VOM VERLORENEN KONTINENT PAN

Die Anthropologin Susan Martinez, Ph.D. schrieb auf

https://atlantisrisingmagazine.com/article/the-pan-perspective/ ;

Sept/Oct 2014 - #107 The Pan Perspective; There's Another Way to View the Human Origins Question (Die Pan-Perspektive: Es gibt einen anderen Weg, die Frage nach der Entstehung des Menschen zu prüfen):

> „Während ich ein Buch über die Entstehung und die zweigeschlechtliche Herkunft des Menschen (The Mysterious Origins of Hybrid Man) schrieb, hatte ich mich entschieden, die Story von ‚Pan', dem verlorenen Kontinent im Pazifischen Ozean, den manche Mu oder Lemuria nennen, auszulassen. Ich dachte, sie sei zu komplex, zu kontrovers – auch zu verschieden, daher auch ein Problem, um sie in meine bereits umfangreichen (grundsätzlich antidarwinistischen) Argumente miteinzubeziehen. Doch die Kapitel waren zu voll von Hinweisen auf prädiluviale Menschen und die kleinwüchsige Rasse *homo sapiens pygmaeus*, die, wie ich glaube, dem Untergehen von Pan entkam. Es gab keine Möglichkeit, dieses Problem zu vermeiden.
>
> Leider Gottes gab ich nach und erfasste das Thema kurz in einem Prolog, im letzten Satz, indem es hieß: ‚Das Thema Pan (Panologie) erfordert ein Buch ..., denn ohne ein Verständnis der Kinder Noahs bleibt unsere eigene Abstammung wahrlich ein Rätsel.' Und jetzt schreibe ich dieses Buch, das wie ein Begleiter auch einer früheren kleinen Rasse ist, die, wie ich

behaupte, nicht nur die einzige Überlebende der Flut war, sondern ebenso die Lichtträger der Antike."

Diese Worte der Anthropologin machen neugierig und Martinez berichet weiter, dass es in der Tat eine indianische Überlieferung von „kleinen Männern aus den Bergen" gibt, von denen sie glaubt, dass sie der Gattung Homo sapiens pygmaeus angehörten, jenen kleinen Menschen mit ihrer unverwechselbaren langen Nase, weißem und strohblondem Haar und Vollbärten – kurz gesagt, einem „kaukasischem Urtyp". Sie schreibt, dass viele „Götter" des Pazifiks, wie Lono, Tangaroa and Tane, als weißhäutig beschrieben werden und die unterschätzten und stark mythologisierten Menehune und „Mu-Menschen" bärtig und langhaarig waren. Sie seien bekannt gewesen als die kleinen heiligen Arbeiter (Ka-Poe Nenehune), und Martinez gibt sich überzeugt davon, dass prädiluviale (also vorsintflutliche) Rassen die versierten Ingenieure hinter großen Bewässerungsarbeiten auf den Inseln waren und sie betont, dass es auch „Kleine Menschen" in Neuseeland, Neukaledonien und Panape gab.

Ozeanien sei ebenso fürchterlich unterschätzt worden, dabei habe sie begonnen, dessen Geheimnisse hervorzubringen, was vielversprechend sei, um es als die ursprüngliche Kultur erscheinen zu lassen (Kleidung und Weberei, Agrikultur und Schrift, Kanäle und Navigation). Mit anderen Worten sei es ein wichtiger Schlüssel für die hochseetüchtige Zivilisation gewesen, die die fälschlicherweise sogenannte Steinzeit beherrschte.

Wenn man Churchwards berühmtes „Mutterland der Menschheit" aktualisiere, sei der Name „Pan" angebrachter als „Mu" oder „Lemuria", meint Martinez. Auch andere, meist weniger bekannte Namen gäbe es für diesen verschwundenen Kontinent, darunter auch „Pazifika".

Martinez schreibt:

> „Doch keiner dieser Namen (ausgenommen Mu) haben die universelle Palette von „Pan", das ständig in den Ortsnamen von Mexiko auftaucht: in Totonaca-pan, z. B. das angehängte -pan bedeute einfach ‚Land'. Würden Sie glauben, dass Wörter wie Panik, Pandemie, Panasch, Panorama, Pantheon, Panama, Panape, JaPan und selbst Peter Pan ihren Ursprung in einem Nimmerland haben, das jetzt auf dem Boden des Pazifischen Ozeans liegt? Wenn man die fast verlorene Kunst der vergleichenden Sprachwissenschaft wiederbelebt, begeistert diese Untersuchung mittels der Spracharchäologie. als Mittel zum Ausgraben dieser kostbaren ‚Wortfossilien'. Sie ist imstande, die verborgene Vergangenheit zu erhellen. Pans Tempel von Khu z. B. war so heilig, dass der Name ‚Khu' von den Gründern und Tempelbauern aus Mexiko (Khu-icilo), Ägypten (Khu-fu), Thailand (Khu Muaeng), Persien (Khuzistan) und Kleinasien (Du Ku) übernommen wurde.
>
> Ranken der Muttersprache erstreckten sich in jede Richtung. Man betrachte das Wort für „Haus" wie es von Pan zu den Siedlungen von Sem, Ham und Japhet (den Söhnen Noahs) – und Amerika ausstrahlte: Pan & oke: Shem *kr-oke* (vedisch) und *okel* (phoenicuan); Ham *oke* (ägyptisch); Jaffeth *o ak* (chinesisch) und *oikos* (griechisch); America *ok* (algoquin) und *oko* (guarani)."

Hier wird es für mich schon etwas schwierig. Die Bezeichnung „Pan & Oke" konnte ich im ganzen Internet nicht finden, abgesehen von Bildern, z. B. von Bratpfannen oder von Facebook-Gruppen. Der Begriff „oke" lässt sich mit keinem Übersetzungsprogramm finden, vermutlich meint Martinez, dass dies das Stammwort von „Okeanos" sei, eine Gottheit der griechischen Mythologie, von der die alten Griechen und Römer sagten, dass es die göttliche Personifikation des „Weltozeans“ sei, ein gewaltiger Fluss [sic!], der die Welt umgibt. Vermutlich spielt Martinez hier auf den „Ozean“ an – selbstverständlich den Pazifischen. Zusammengenommen würden die beiden Begriffe „Land“ & „Ozean“ bedeuten. Sonderlich beweiskräftig in Bezug auf die Existenz eines ehemaligen Kontinents namens Pan ist diese Wortverbindung sicherlich nicht. Doch Martinez argumentiert unermüdlich weiter:

> „Wenn wir die unumgänglichen Fragen, die uns durch die Frühgeschichte gestellt werden, anpacken – wer, was, wie, warum, wann und wo – beginnen wir mit: Wer? Wer genau waren die Überlebenden der Flut? In einem gewissen Sinn könnte man sagen, dass es die ursprünglichen Arians (‚Arier‘) waren, die, obwohl wir dies gelernt haben, nicht aus dem Baltikum oder von der indoiranischen Hochebene stammen; vielmehr waren sie die Aristrokatie von Polynesien: *arii = ‚König‘* auf den Gesellschaftsinseln; *ari-ki = ‚königlich‘* in Hawaii; *Ari* = Der Gott von Rarotonga *Ari-hi* = der Kulturheld von Tahiti. Anders gesagt, waren die ozeanischen Bewohner vielleicht die ersten Kaukasier und nach dem Versinken von Pan, *das tatsächlich die Große Flut war*; ich glaube, dass diese Söhne und Töchter Noahs die Bewohner von jedem Kontinent wurden, auf dem sie sich ansiedelten. Und das ist es, warum wir die überall in Amerika bekannten ‚Weißen Indianer‘ sowie die ‚anormalen‘ rothaarigen Mumien in China (späte Bestätigung von Churchwards Uighur-Reich) und ebenfalls die ‚europäischen‘ Gesichter des japanischen Ainu-Volks erklären können. Wie chinesische Legenden erzählen, war die Wüste Gobi einst von weißen Männern mit blauen Augen und blondem Haar bewohnt. Es gibt ebenso Spuren von Weißen in Nepal und in den blonden, helläugigen Gruppen aus Pakistan, Nuristan und vielen anderen -stanern.“

Wieder umschleicht mich der Verdacht, dass Martinez aus den Wörtern zu viel herausliest – auf der einen Seite sind die Vergleiche sehr interessant, andererseits aber könnten sie einen leicht auf die falsche Fährte führen.

Kommen wir nun zur nächsten Frage, die Martinez beschäftigt, nämlich dem „Was".

Sie schreibt:

> „Was passierte? Zerstörte die Flut wirklich eine große Zivilisation – wie uns so oft erzählt wird? Nein, überhaupt nicht! Eine ernsthafte Abkehr von der Denkschule, die besagt, dass eine große vorsintflutliche Zivilisation auf Unzivilisiertheit reduziert oder durch eine katastrophale Sintflut ausgelöscht wurde, ist nach meinem Verständnis ganz das Gegenteil. Nicht ein Funke von Wissen wurde durch die Große Flut verloren. Tatsächlich begann ein neues Zeitalter, als die zerstreuten Überlebenden von Pan eine Renaissance der Kulturen in die Alte und die Neue Welt brachten."

Das ist das genaue Gegenteil von dem, was andere über verlorene Kulturen schreiben. Allgemein wird von Atlantologen angenommen, dass durch den Verlust eines versunkenen Kontinents, insbesondere durch die Auswirkungen einer solchen Katastrophe, eher Wissen verloren geht.

Doch Martinez schreibt weiter:

> „Dieser Umstand führt zu den Fragen Wie und Warum und hier stoßen wir auf eine bemerkenswerte Einheitlichkeit in den Überlieferungen der Weltbevölkerung, von denen sich viele daran erinnern, dass eine Flut durch die ungeheuerlichen Missetaten (einschließlich Kannibalismus und Inzest) der

Menschheit verursacht wurde. Die Götter selbst haben beschlossen, dieses Land zu spalten, um die Gräuel vom Antlitz der Erde zu entfernen.

Das heißt, es war keine Naturkatastrophe. Und wenn wir fragen, wo sich die Flut ereignete, so kann sie, wie ich glaube, nicht im Fruchtbaren Halbmond gewesen sein: Nach der Prüfung der vielen, vielen vorgeschlagenen Standorte des Garten Eden (die Kandidaten umfassen Punt, Türkei, Ceylon, Hyperborea, Sahara, Titicaca, Ohio usw.), führen alle Wege zum Meer und zum Fenua Nui, dem Gartenparadies des Ersten Menschen, das, wie die Tahitianer sagen, der Gott der Winde in tausend Inseln zerbrach. Obwohl die Tigris-Euphrat-Wiege des Menschen von Bibeltreuen und Gelehrten gleichermaßen bevorzugt wird, sagten die Sumerer selbst, dass die Zivilisation von gottähnlichen Wesen aus dem Meer zu ihnen gebracht wurde, die manchmal als mächtige Fischgottheiten dargestellt wurden."

Dies ist Martinez zufolge der Grund, warum die Landung einer neuen Rasse von Menschen, eben des „arischen" Typs, Hand in Hand ginge mit der plötzlichen Erscheinung von großen Erfindungen, die eine uneinheitliche Ähnlichkeit mit Erfindungen in weit entfernten verschiedenen Ländern aufwiesen., wie z. B. in Ägypten und Mexiko. Konservative, ungenaue und durch das archäologische Establishment Agenda-gelenkte Datierungen (Chronologie) hätten uns für die große Verstreuung aus dem Mutterland, die sicherlich all diese „plötzliche" Ankunft einer postkataklystischen Zivilisation erklären könne, verblendet.

Hier ist Martinez überhaupt nicht zu widersprechen. Nur: Dieses Phänomen kann genauso gut auf den Untergang von Atlantis zurückzuführen sein, von dessen einstiger Existenz im Atlantischen Ozean die Redakteure von „Atlantis-Forschung.de", Bernhard

Beier, Ferdinand Speidel und ich, aufgrund der Ergebnisse ihrer intensiven Recherchen überzeugt sind.

Nun versucht Martinez jedoch, dieses Phänomen explizit ihrem (Darauf, warum es gar nicht „ihr" Pan ist, kommen wir gleich zu sprechen) „Pan" zuzuschreiben:

> „Es ist wirklich die Flut, die das Obere vom Unteren Paläolithikum trennt. Es ist die Flut, die die Menschheit „klug macht"; denn überall auf der Erde, außer auf „Pan", hatten sich die Abstammungslinien der Menschen von früherer Größe (durch schlechte Entscheidungen, Rückzüchtung, Völkermord und Krieg) zu einem Zustand von Barbarei und Ignoranz entwickelt. Es war das Kommen der Lehrer, die oft (falsch) als „Götter" oder Fischgottheiten dargestellt werden, die ihre Welt revolutionierten."

Und weiter:

> „Was ich sagen will: ‚Das Märchen', genannt ‚Noahs Arche', war sicherlich kein einzelnes Schiff und auch Haustiere waren nicht erlaubt (Tiere in Zweiergruppen? Ich glaube nicht.). Von „Pan" aus müssen die Söhne Noahs in getrennten Flotten (Dutzenden von Schiffen) zu den verschiedenen Sektoren der Erde geflüchtet sein, wo sie sich mit den Eingeborenen vermischten, die höheren Künste und Wissenschaften an jedem dieser Orte erneuerten. Die Bibel bezieht sich auf Ereignisse dieser Art, indem sie die Welt mit einem fortschrittlicheren Volk auffüllt, während Vorgeschichtler mit Theorien von Initiatoren aus dem Weltall spielen, die die Entwicklung von Ägypten, Peru, Mexiko, Indien, Mesopotamien, Europa und China stimuliert haben.
>
> Hinweise für diese Initiatoren, diese Emigranten, sind durch den Fortschritt von DNA-Analysen aufgekommen. In jüngsten

> Studien wurden die Gene der Mitteleuropäer, Mesopotamier, des 9.000 Jahre alten Kennewick-Menschen aus Washington und bestimmte genetische Stämme in Süd- und Mittelamerika mit dem Gen der polynesischen DNA verbunden."

Martinez meint, dass die „auffälligen Ähnlichkeiten" zwischen den Kulturen im pazifischen Raum das darunterliegende Missing Link verraten, nämlich ein verlorenes Mutterland. Sie erwähnt die Strukturen von Yonaguni bei Japan, auf die wir noch zurückkommen werden, und bringt diese in Verbindung mit Megalithen in Mexiko, Peru, Tiahuanaco und den Anden und zieht weiter die japanische Wortstruktur und Parallelen Polynesiens mit Quechua sowie die zahnärztliche Morphologie der japanischen Ainus heran, die mit der der amerikanischen Ureinwohnern übereinstimmten. Weiter weist sie darauf hin, dass die Architektur von Japans Chikubujima-Denkmal mit der des peruanischen Palasts, gemeint ist wohl der Palast im Tschudi-Bereich in Chan-Chan, mehr oder weniger identisch ist.

Martinez zählt noch deutlich mehr Parallelen zwischen verschiedenen Ähnlichkeiten von künstlichen Strukturen und anthropologischen Features zwischen Menschen im Pazifik auf, die genauso gut für ein ehemaliges „Mu" oder „Lemuria", wobei letzterer Begriff, wie wir gehört haben, nicht so passend zu sein scheint, sprechen könnten, doch wir wollen es hier dabei belassen. Einzig, dass sie in diesem Bezug Panama erwähnt, das mit der Silbe „Pan" beginnt, sei noch erwähnt. An dieser Stelle sei nur noch das Schlusswort der Anthropologin zitiert:

> „Mir ist klar, dass Mythen und Legenden der Flut als fiktiv oder unzuverlässig abgeschlossen werden können. Dennoch sind Gedenkriten nicht so leicht zu diskreditieren. Wenn Skeptiker behaupten, dass das verlorene Mutterland des Menschen nichts anderes als ein Woo-Woo-Okkultismus ist,

müssen sie auch die vielen Stammesriten, die sie feierlich abhalten, abtun, die feierlich daran erinnern, fast gedenken, wie das Gedenken an den Hawaiianer Kumulip Chant, der an die verlorenen Länder erinnert, oder an das griechische Festival der Hydrophobie [?, i. O. „festival of Hydrophobia“, Anm. RMH], den japanischen Ritus von Nirai-Kanai oder die verschiedenen Ritualvorstellungen der Sioux-, Mandan-, Navajo- und Hopi-Indianer – alle erinnern an die Befreiung ihrer Vorfahren von den Großen Wassern.

Die ursprüngliche Einheit der Menschheit ist ein Thema, das unter den Gelehrten des 20. Jahrhunderts leider tabuisiert wurde. Aber ich glaube, ich sehe, wie es wieder um den Berg herum zurückkommt. Das kommende Einssein hat einige Ähnlichkeit mit dem Einstigen, das einmal war.“

Wir sehen in diesem Artikel die interessanten Spielarten des Wortes „Pan“ und Hinweise, die auf einen versunkenen Kontinent im Pazifik hindeuten. Bislang also eine relative solide Argumentation, auch wenn man beachten muss, dass die Silbe „Pan“ relativ kurz ist und sich so die Wahrscheinlichkeit, dass es sich dabei um Zufälle handelt, durch diesen Umstand erhöht.

Doch wer diesen scheinbar (grenz)-wissenschaftlich fundierten Artikel gelesen hat, wird sehr überrascht sein, wenn er anschließend Martinez‘ Buch *„The Lost Continent of Pan“ (Der verlorene Kontinent Pan;* Untertitel *The Oceanic Civilization at the Origin of World Culture; Die ozeanische Zivilisation am Ursprung der Weltkultur*) liest, denn dort wird der Leser feststellen, dass das Buch sich in der Hauptsache an dem Buch „Oaspe – The New Bible“ orientiert, das 1882 veröffentlicht wurde. Der Autor John Ballou Newbrough behauptet, es durch die Technik des „Automatischen Schreibens“ vermittelt bekommen zu haben. Ich möchte nicht bestreiten, dass in Einzelfällen diese Art von Channeling, in dem die Hand des Schreibers angeblich durch unsichtbare Kräfte gesteuert wird – möglicherweise tatsächlich ein Kontakt, zu wem auch immer –, bestehen *könnte*. Doch es muss Erstens gesagt werden, dass dieses Feld noch zu wenig untersucht ist, und zum Zweiten, dass durch Channeling, welcher Art auch immer, erhaltene Botschaften oft nichtssagend, obskur oder falsch sind. Es besteht eine gewisse Wahrscheinlichkeit, dass beim „Automatischen Schreiben" meist der Wunsch der Vater des Gedankens ist und der Schreiber unbewusst seine eigenen Gedanken und Wünsche ausdrückt. Auch die Möglichkeit eines bewussten Schwindels, beispielsweise um berühmt zu werden, kann nicht gänzlich verworfen werden.

Auf jeden Fall ist es fahrlässig, sich in einem Buch in der Hauptsache auf ein Werk zu stützen, das durch diese Technik entstanden ist, bzw. sich gar darauf zu verlassen. Sollte es nur als Bestätigung für eine fundierte Idee erwähnt werden, ist das etwas anderes, doch hier ist eindeutig Ersteres der Fall. Wer die zahlreichen Oaspe-Zitate in Martinez' Werk kennt, wird nicht übersehen können, dass das Oaspe die Hauptquelle des Buches ist. Dazu kommt, dass die Idee, der Begriff „Pan" stehe für einen ehemals versunkenen Kontinent im Pazifik, gar nicht von Martinez, sondern aus dem Oaspe stammt! Martinez hat dies nur übernommen! Somit ist zu vermuten, dass ihre „Wortspielereien" mit dem Wort „Pan" nur dazu dienen sollen, die Oaspe-Bibel zu bestätigen! Und, wie sagt so schön der Volksmund: „Wer suchet, der findet."

„Pan" ist der Autorin zufolge der einzige versunkene Kontinent. Für Atlantis bleibt in ihrer Darstellung kein Platz. Grundsätzlich sei es an der Zeit, bezüglich der Suche nach Atlantis „die Flinte ins Korn zu werfen". Hier gibt sich Martinez plötzlich mehr oder weniger schulwissenschaftlich (wie bereits in ihrem Artikel) und behauptet, dass nach der Kontinentaldrift-Theorie es gar keinen Platz für eine größere Landmasse im Atlantik gegeben haben könne. Von Atlantologen vermutete Verbindungen zwischen Atlantis und Ägypten oder den Maya werden geschickt auf den angeblichen Kontinent „Pan" im Pazifik zurechtgebogen.

Wie bereits angeklungen, sind die Redakteure von *„Atlantisforschung.de"*, Bernhard Beier, Ferdinand Speidel und ich, unabhängig voneinander nach langwierigen Recherchen zu der Überzeugung gekommen, dass Atlantis tatsächlich eine versunkene Insel im Atlantik ist. Die Beweise dafür sind weitaus fundierter als die, die Martinez für die ehemalige Existenz eines „einzigen versunkenen Kontinents", der im Pazifik lag, vorgebracht hat.

Um deren o. a. Wortspiele weiterzuführen, kann man sagen, dass jeder, der viel Zeit und Geld aufgewendet hat, um dieses Buch zu kaufen und zu lesen, schon die „Panik" bekommen kann ...

Auch der Chefredakteur von „Atlantipedia.ie", Tony O'Connell, kommt zu ähnlichen Ansichten. Auf seiner Seite

http://atlantipedia.ie/samples/pan-n/

schreibt er:

> „Pan ist der Name, der im 19. Jahrhundert einem angeblichen Kontinent im Pazifik gegeben wurde, der vor vielen tausend Jahren überflutet worden sein soll. Bezug genommen wird darauf in Oahspe – A New Bible, ein Elaborat, das durch ‚Automatisches Schreiben' produziert wurde. Dr. Henry S. Tanner, bekannt geworden durch sein 40-tägiges Fasten, war offenbar ein Student Oahspes, der behauptete, Pan sei bisweilen irrtümlich Atlantis genannt worden. Tanner war außerdem ein aktiver Mormone. Jedenfalls nahm er es mit Details nicht allzu genau. So beschrieb er Tristan da Cunha als in der pazifischen Südsee liegend, während es sich tatsächlich im Südatlantik befindet.

Die Vorstellung von Pan ist jetzt von Suzan B. Martinez, einer amerikanischen Linguistin und Erforscherin des Paranormalen, in einem neuen Buch mit dem Titel *The lost Continent of Pan* wiederbelebt worden. Die Autorin ist übermäßig beeinflusst von dem äußerst fragwürdigen Inhalt von Oahspe und hat nichts anderes getan, als Mu durch Pan zu ersetzen."

(vgl.:

http://atlantisforschung.de/index.php?title=Pan_%28Pazifik%29)

Somit kann festgestellt werden, dass alle tatsächlichen Beweise, die Martinez zufolge für einen versunkenen Kontinent „Pan" sprechen, entweder für einen „traditionellen" verlorenen Kontinent im Pazifik, also „Lemuria" bzw. „Mu", sprechen oder Hinweise auf Atlantis im Atlantik auf den Pazifik umgemünzt wurden.

Wie ein solcher Kontinent tatsächlich untergegangen sein kann, wird noch später betrachtet werden, während aber der Atlantisforscher Otto H. Muck in seinem Buch *Atlantis – Die Welt vor der Sintflut*, das bereits 1956 *(Olten)* erschien, ein auch heute noch nachvollziehbares Szenario für den Untergang von Atlantis als eine aus kontinentaler Erdkruste bestehenden Großinsel entworfen hat, ist von Lemuria Ähnliches nicht bekannt. Anders würde es sich verhalten, wenn Lemuria aus *ozeanischer* Kruste bestehen würde, dann wäre eine solche Landmasse deutlich instabiler.

Und möglicherweise hat gerade Muck, der von der Lemuria-Idee gar nichts hält, „aus Versehen" eine solche Landmasse im Pazifik entdeckt ...

HAT OTTO H. MUCK VERSEHENTLICH LEMURIA ENTDECKT?

Der eben erwähnte Otto H. Muck wird den meisten Lesern (wenn überhaupt) als Autor des Buches *„Alles über Atlantis"* bekannt sein, das aber nur eine entstellte Version von *„Atlantis – die vorsintflutliche Welt"* ist. Den wenigsten dürfte bekannt sein, dass Muck auch Autor des Buches *„Geburt der Kontinente"* (Düsseldorf 1978) ist. Genauer gesagt: Das Buch wurde in jenem Jahr postum von Mario Muck und Ferdinand Wackers herausgegeben. Aus der Kurzbiographie auf der Rückseite des Buches geht hervor, dass Muck unter anderem sowohl Physik als auch Geophysik studiert hat.

Um meinen Verdacht, dass Muck, der die Lemuria-These kategorisch ablehnt, „aus Versehen" Lemuria (bzw. Mu) gefunden haben könnte, zu verstehen, muss man weiter ausholen und mit der Betrachtung von Mucks These von der „Geburt der Kontinente" beginnen.

Muck beschreibt die Entwicklung des Erdkörpers in seiner Frühphase, deren Ergebnis eine Dreiteilung der sichtbaren Oberfläche, ihre Aufgliederung in einen äquatorialen Simagürtel und zwei polare Sialkappen ist. Dazu muss man wissen, dass es sowohl eine ozeanische Erdkruste gibt, die zu einem Großteil aus Silizium und Sauerstoff besteht und einen höheren Magnesiumanteil als ihr Pedant, die kontinentale Erdkruste, enthält, weshalb man sie auch oft mit Sima oder SiMa abkürzt. Das angesprochene Pendant besteht aus magmatischen Gesteinen mit mittlerem bis hohem SiO_2[18]-Gehalt (im Wesentlichen Granitoide), teils mächtigen Sedimenten sowie jeweils daraus entstandenen metamorphen Gesteinen. Wegen des im Vergleich zur ozeanischen Kruste hohen Anteils an Aluminium (Al) und dem generell hohen Anteil an Silizium (Si), ist für die kontinentale Erdkruste (die äußerste Schicht der Erde) auch die Abkürzung Sial (auch SiAl) gebräuchlich. Nach Muck war eine solche typisch achssymmetrische Primärstruktur aufgrund der formenden Wirkung des Fliehkraftfelds zu erwarten. „Für diese sind beide Pole äquivalent und gegensätzlich zum Gleicher [= Äquator, Einf. RMH], sodass dieser sich am Ende solcher Gliederung auch stoffmäßig von jenen unterscheiden musste. Damit ist von der Dynamik der Erdrotation her jene Dreiteilung der neugebildeten Erdoberfläche motiviert und erklärt."

Weiter schreibt er:

> „Die nächste Entwicklungsphase war durch die – dank fortschreitender, oberflächiger Abkühlung bedingte – Erstarrung der obersten Deckenschichten ausgelöst. Man weiß, dass der spezifische Strahlungswert (in Wärmeeinheiten je Zeit- und Flächeneinheit) mit der vierten Potenz der absoluten Temperatur anwächst. Eine einfache Rechnung ergibt, dass die noch über +1200° heiße Erdendecke je Sekunde und Quadratzentimeter etwa sechs (kleine) Wärmeeinheiten durch Strahlung emittiert. Da die spezifische Wärme solcher Schmelzflüsse bei

[18] Siliziumoxid bzw. Quarz

0,4 kleinen Wärmeeinheiten je Kubikzentimeter liegt, muss ihre Temperaturabnahme recht schnell erfolgt sein. Daraus folgt, dass die Erstarrung rasch einsetzte, nachdem einmal die Oberflächenhitze in der Nähe des Erweichungspunktes der Granite gekommen war." (Muck 1978, S. 31)

Muck betont, dass die Erstarrung innerhalb der Sialkappen weit früher eingesetzt habe als innerhalb des Simagürtels. Die Oberfläche habe damals von den beiden Polen hin zu verschlacken begonnen.

Während der Entwicklung der äußersten Stilschichten, die nur die beiden Polkappen bedeckten, ist Muck zufolge das darunter liegende Sima zähflüssig-homogen und noch über seinen Erstarrungspunkt hinaus erhitzt geblieben und deshalb habe im Gegensatz zum Sima das Sial Schwunderscheinungen gezeigt: Die Sialdecke ist geschrumpft und aus diesem Grund ist es für das darunterliegende Sima zu klein, zu knapp geworden, sodass sie in Rissen und Sprüngen aufplatzte und unter dem mächtigen Einfluss starker Dehnungsspannung gestanden hat. Diese Entwicklung an den beiden Polarkappen habe daher zur Ausbildung charakteristischer Merkmale, wie die durch Zerreißen und Überdehnung entstandenen Bruchzonen und Grabensysteme, geführt, die Muck zufolge fälschlicherweise den Eindruck erwecken könnten, dass die Sialdecke unverändert geblieben sei, aber der von Sima umschlossene Erdball hätte sich, warum auch immer, ausgedehnt und „aufgebläht". Daran sei nur eines richtig, nämlich, dass es bei der Erstarrung zu unterschiedenen Volumenveränderungen zwischen Sial und Sima gekommen sei, wie ein Blick auf die noch zerrissene Struktur der heutigen Erdoberfläche und die einfache Kontrolle jenes urzeitlich tellurischen[19] Vorgangs, die im Kleinen an jeder erstarrenden Schmelze vorgenommen werden könne, beweise.

Nicht die granitische Sialhaut sei zu Falten und Gebirgen aufgerunzelt worden, sondern innerhalb der erstarrten und dabei geschwundenen Sialrinden seien genau dort, wo schwächere, weniger zerreißfeste Stellen im Sialgefüge bestanden hatten, Furchen, Gräben und Reißlinien entstanden. Die polaren Sialkappen sind nach Muck an eben ihren schwächsten Stellen zuerst überdehnt worden und dort früher auseinandergeplatzt als anderswo. Die Sprung- und Rissbildung habe wie ein an einigen Stellen gröberes und ein anderes feinmaschigeres Netz die Oberfläche überzogen: „Wo sie bis zum Grund der Erstarrungstafeln gingen, haben sie die ursprünglich zusammenhängende Sialdecke in Teiltafeln unterschiedlicher Größe aufgegliedert – in Einzelstücke, die von nun an individuelle Schicksale erleben konnten und erlebt haben."

Muck äußert sich dahingehend, dass diese Aufgliederung eine entscheidend wichtige, für alle weiteren tellurischen Oberflächen grundlegende Folge hatte, denn die in selbstständige Einzelstücke zersprungene jeweilige Polkappe habe keine in sich geschlossene, formfeste Haube, sondern ein Nebeneinander von klastischen[20] Trümmerstücken gebildet: „Aus einem dank

---

[19] tellurisch = auf die Erde bezüglich

[20] Als „klastisch" werden Sedimentgesteine bezeichnet, die überwiegend aus Gesteins- und Mineralbruchstücken bestehen.

seiner Form selbsttragenden Gewölbe war eine Vielzahl selbständiger Tafeln geworden." Davon habe jede für sich allein im gemeinsamen Simabett, dem dichteren Bodenmagma, gesteckt, wobei sich jede noch isostatisch einstellen musste. Dies bedeutet, dass sie so weit aus dem Bodenmagma, dem Simauntergrund, aufsteigen musste, bis der Auftrieb des noch darin steckenden Teils gleich mit dem Gewicht der ganzen Teiltafel war.

Muck führt aus:

> „Dem durchschnittlichen Dichteunterscheid um 7 Prozent entspricht ein Niveauunterschied von gleichfalls 7 Prozent oder rund 1/14 der Tafeldicke zwischen den herausragenden Sialtafeln und dem Simapegel. Die [...] Entwicklung der erstarrenden Erdrinde hat damit zu einer bemerkenswerten Neuaufgliederung der ganzen Erdoberfläche geführt. Aus dem ‚einstöckigen' Aufbau der in Sialkappen und Simagürtel lediglich stofflich gegliederten Randschicht sind *zwei Stockwerke* geworden: Ein zusammenhängendes, die ganz Oberfläche [be]deckendes Sima-Untergeschoss und ein in zwei Teiltafeln aufgegliedertes, von Gräben und Rissen durchzogenes Sial-Obergeschoss." (Muck 1978, S. 35)

„Je dicker die Starrkruste wurde", schreibt Muck weiter, desto deutlicher konnten jene Niveauunterschiede – die ja doch einerseits auf den Unterschieden der Dichten des granitischen Sials, andererseits des basaltischen Simas beruhen – sich herausmodellieren."

Heute sei die Krustendicke auf ungefähr 70 Kilometer angewachsen, und so betrügen die für die Niveaudifferenz ermittelten sieben Prozent ungefähr fünf Kilometer, was ziemlich genau die Summe aus der mittleren Tiefe der Meeresbecken

– nämlich ungefähr vier Kilometer – und der mittleren Festlandshöhe über dem heutigen Meeresspiegel sei. „Die Berechnung ergibt, dass die Oberfläche einer äquatorialen Kugelzone, die einem Zenitwinkel[21] von 90 Grad zugeordnet ist, 71 Prozent und das Ur-Sial die restlichen 29 Prozent der Erdoberfläche bedeckt."

Muck schreibt weiter, dass im Grundsätzlichen zwischen den beiden zersprungenen Tafelsystemen der Sialkappen ein seichter, breiter Gürtelgraben rings um den Äquatorraum entstanden sei. Dieses Verhältnis sei, mit einer kaum zu erwartenden Genauigkeit, identisch mit dem heute noch geltenden Verhältnis zwischen Meeres- und Landfläche und somit sieht Muck es als bewiesen an, dass die Kontinente auf die besagte Weisen entstanden seien und nördlich und südlich des gewaltigen breiten Urmeeres, das Muck „Ringmeer" nennt, lagen.

Weiter sagt er:

> „Es bleibt [...] entscheidend, dass die geophysikalisch fundierte Theorie der Erdentwicklung zur Ausbildung granitischer Sialtafeln und eines basaltischen Simauntergrundes geführt hat und dass alle kontrollierbaren Kennwerte – Flächenverhältnis, Niveaudifferenzen, Dichteunterschiede – der Urkontinente und

---

[21] Der Zenit ist die nach oben verlängerte Lotrichtung eines Standortes. Die Gegenrichtung nennt sich Nadir („Fußpunkt").

des Urmeeres sich mit den wohlbekannten Charakteristiken der heutigen Land-Wasser-Verteilung exakt deckten.

Das Bild der erdaltzeitlichen Erdoberfläche, das wir unter Anwendung von bisher unbeachteten, geophysikalischen Bedingungen entwickelt hatten, ist natürlich dem Wesen nach ein anderes als das, was von Paläontologen und Geologen aufgrund der Deutung der über den Landtafeln liegenden, fossilführenden Sedimentschichten herausgearbeitet worden ist. Dennoch werden die beiden so verschiedenen Bilder sich desto ähnlicher, je weiter man in die Vorzeit zurückschreitet." (Muck 1978, S. 38)

Muck geht davon aus, dass der von der etablierten Wissenschaft angenommene Urkontinent Pangäa gar nicht existierte. Er geht von *zwei* Kontinenten aus, die in der Zeit des Oberen Karbons, d. h. im Zeitraum von etwa 345,3 Millionen bis 299 Millionen Jahren vor heute, entstanden sind. Zu dem von ihm angenommenen Südkontinent, dem „Gondwanaland", gehörten Muck zufolge Südamerika, Afrika, Australien und Indien. Zum zweigeteilten Nordkontinent gehörten eine von ihm als „Nearktis bezeichnete Landfläche, die Nordamerika, Grönland und Europa sowie die „Paläarktis", der „Angara-Kontinent Sibiriens umfasste. Ein Muck zufolge damaliges Meeresgebiet namens Tethys und ein „Russisches Meer" trennten die beiden Kontinentalverbände voneinander. In der oberen Kreidezeit vor 100,5 bis 66 Millionen Jahren zerfloss der Südkontinent schließlich.

Muck stellt fest, dass Erosion und Abrasion auch während der Erdaltzeit gewirkt haben. Seinen Berechnungen zufolge hatten sie damals sogar das Endziel ihrer umgestaltenden Arbeit erreicht. Am Ende der Erdaltzeit sei von der Erdoberfläche weitgehend abgetragen und ins Meer eingeschwemmt worden, was überhaupt abgetragen und ins Meer eingeschwemmt werden *konnte*.

„Die dadurch auf den Meeresboden abgesunkenen und so aus terrestrischen zu marinen Massen gewordenen Objekte der Verwitterung[22], Erosion[23] und Abrasion[24] sind die marinen[25] Sedimente. Die Gesamtmenge aller überhaupt einbringbaren Sedimente hat den Volumenwert von 100 Millionen Kubikkilometern nicht überschritten. Das ist sehr viel, wenn man es mit menschlichen Maßstäben misst. Es ist aber überraschend wenig, wenn man es über die 500 Millionen Quadratkilometer der Erdoberfläche verteilt sieht. Dann bilden die Sedimente eine Decke von 200 Metern Mächtigkeit – viel zu wenig, um auch bei starker örtlicher Massierung Schollenbiegungen und Schollenbrüche zu bewirken [die es, wie Muck früher in seinem Buch erklärte, aber gab; Anm. RMH] oder gar Schollen absinken, zu Ozeanböden werden zu lassen." (Muck 1978, S. 73)

Muck gibt an, dass die marinen Sedimente der Erdaltzeit derart verteilt waren, dass die Meeresküsten insgesamt 56.000 Kilometer lang waren, wobei auf die Küstenländer ein

---

[22] Verwitterung bezeichnet in den Geowissenschaften die natürliche Zersetzung von Gestein infolgedessen exponierter Lage an oder nahe der Erdoberfläche.

[23] Die Erosion beinhaltet die Abtragung von mehr oder weniger stark verwitterten Gesteinen oder Lockersedimenten einschließlich der Böden.

[24] Die Abrasion bezeichnet die allmählich fortschreitende Veränderung der Küste aufgrund von Erosion durch die Gezeiten und Wettereinflüsse, wie Wind, Regen und Temperaturunterschiede, Naturereignisse wie Hurrikane oder Erdbeben, aber auch durch Einwirkungen auf die Umwelt, etwa aufgrund der Schädigung der obersten Bodenschichten durch menschlichen Einfluss oder eine Klimaerwärmung.

[25] marin = zum Meer gehörig

Sedimentanteil von 2.000 Kubikkilometern entfallen sei, der vom Kontinentalsockel, auf dem ein Teil liegenblieb, ins Tiefseegebiet abgerutscht sei. Muck rechnet in Küstennähe mit 2.000 Metern mittlerer Meerestiefe, was den Verhältnissen am Schelfrand einigermaßen entspräche, denn dann wäre bei gleichmäßiger Auffüllung ein Streifen von 1.000 Kilometern Breite mit Sediment bedeckt worden. Wenn die marinen Sedimente in Richtung Äquator zu allmählich niedriger werdenden Bänken aufgeschüttet worden seien, hätte der derart bedeckte Streifen Meeresgrund ungefähr 2.000 Kilometer weit in das Ringmeer hineingereicht, äußert Muck.

Dazu muss gesagt werden, dass Muck zufolge eine *„Poldrift"* und eine „Äquatorflucht" geherrscht hätten, die er wie folgt begründet:

> „Dynamisch betrachtet stellt die rotierende Erde eine riesige Zentrifuge dar. Ersetzt man dieses Bild durch das Modell einer normalen Flüssigkeitszentrifuge, so entspricht der Erdpol dem Mittelpunkt der Umdrehungsachse und der Erdäquator dem Umlauf des Zentrifugengefäßes. Lässt man das Modell rotieren, so steigt die Flüssigkeit am Rande hoch, während sie sich in der Nähe der Drehachse eindellt. Auf die Erde rückübertragen entspricht dies der äquatorialen Aufwulstung und der Polabplattung. Das Modell zeigt genau dasselbe Verhalten wie die Erde selbst." (Muck, S. 178, S. 49f)

Nachdem er die stoffliche Zusammensetzung in Form eines Gedankenexperiments genauer nachbildet, indem er erklärt, dass die bereits eingeschüttete Flüssigkeit, etwa Wasser, das Sima versinnbildlicht und in seinem Modell das Sial als gegenüber dem Sima leichteren Stoff, dessen spezifisches Gewicht unter dem des Wassers liegt, mit Korkstücken vergleicht und diese wahllos auf die Flüssigkeit fallen und das Zentrifugenmodell anlaufen lässt, erklärt er weiter:

„Die Zentrifuge vermag leichtere und schwerere Stoffe zu scheiden und zwar derart, dass der schwerere nach außen, der leichtere nach innen getrieben wird. Genauso muss es auch hier der Fall sein; die schwere Flüssigkeit wird sich am Rande aufwölben, die Korken dagegen müssen langsam gegen die Drehachse zuwandern und sich dort sammeln.

Auf die Erde übertragen, zeigt das Modell, dass die leichteren Sialtafeln durch eine zum Pol treibende Kraft durch eine *Poldrift* gezwungen würde." (Muck 1978, S. 50)

Die für die Fliehkräfte maßgebliche Schwerlinie der Kalotte[26] hätte etwa beim 52. Breitengrad gelegen haben dürfen, wo die zum Pol zutreibende Flüssigkeit auf ungefähr die Hälfte des äquatorialen Fliehkraftwerts abgesunken sei.

Wenn wir nun aber auf die Sedimente zurückkommen, sagt Muck dazu:

„Es wurde berechnet, dass nicht der ganze Meeresboden, sondern nur zwei je 2.000 Kilometer breite Randstreifen sedimentbedeckt waren. Dort, wo die Kraft angriff, war nichts als Wasser. Sie hat darum nicht nur die Randsedimente, sondern mit ihnen praktisch den ganzen Wasserinhalt des Ringmeeres erfasst, hat es ausgelöffelt, wie ein gigantischer Schöpflöffel. Alles, was in ihren Bereich geriet, wurde viele Kilometer hochgehoben und dann fallen gelassen. Im Fall haben sich Wasser und Sediment nach Norden und Süden verteilt,

[26] Kalotte = gekrümmte Fläche eines Kugelabschnitts

über die Erdoberfläche verschwemmt und in wirrer Unordnung aufgelagert." (Muck 1978, S. 78)

Muck versucht nun, die Größe der Kraft und der von ihr vollbrachten Hubarbeit zu berechnen. „Gehoben wurden 100 Millionen Kubikkilometer Sediment im Gewicht von 0,25 Trillionen Tonnen und zudem 1,5 Trillionen Tonnen Wasser – zusammen fast zwei Trillionen Tonnen.

Aus der vermutlichen Hubhöhe kann man auf die Fallparabeln rückschließen: Die Wassermassen, die im mittleren Abstand von 5.000 Kilometern vom Land entfernt lagen, sind viele hundert Kilometer weit ins Land geschleudert worden – sicherlich also über mindestens 7.000 Kilometer transportiert worden. Dieser waagerechten Komponente der Fallbahn muss eine Fallhöhe von 700 bis 1.300 Kilometern, im Mittel 1.000 Kilometern, entsprochen haben. Die Hubarbeit ergibt sich damit zu 2000 Trillionen Tonnenkilometern. – Das ist ein wahrhaft astronomischer Wert." (Ebenda)

Muck fragt im Anschluss: „Woher könnte diese Kraft gekommen sein?", um selbst zwei theoretische Möglichkeiten zur Lösung dieser Frage anzubieten. „[...] entweder von unten oder von oben; von innen, aus der Erde, oder von außen, aus dem Kosmos."

Muck prüft nun die erste Möglichkeit und sagt dazu, dass diese eine submarine, also untermeerische Eruption bedeuten würde. Sie setze voraus, dass das Ringmeer seiner ganzen Länge nach aufgerissen, aufgeplatzt und rotglühendes Magma ausgeströmt wäre, um sich mit dem Meerwasser zu „vermählen" und es zu verdampfen. Dies aber hätte zur Folge, dass der ganze Ringmeerinhalt samt den Sedimenten in die Stratosphäre hinaufgerissen worden wäre und durch die jetzt nachlassende

Kraft von dort aus sich in Fallbahnen weit über die Landtafeln verstreut hätte.

Muck merkt an, dass die innere Schichtung der Erde von idealer, äußerst stabiler Symmetrie gewesen sei, sodass kein Vorgang erdenklich wäre, der aus der Eigengesetzlichkeit der Erdkugel heraus jene urentstandene Ordnung radikal zerstört haben könnte. Somit gelangt er zu dem Schluss, dass es nur noch eine Möglichkeit gibt, nämlich, dass die auslösende Ursache von außen, aus dem Kosmos, gekommen sein müsse:

> „Damit wird der tellurische Störvorgang ein himmelsmechanisches Problem. Das Hochheben des Ringmeeres und der in ihm befindlichen Sedimente entspricht einer zusätzlichen Aufwölbung des Gleichergürtels, der damals durch das Ringmeer gebildet war, um 1000 Kilometer. Die unirdische Kraft, die dies bewirkte, muss sich daher zur Erdschwerkraft verhalten haben wie jene Hubhöhe zum Erdradius, also wie 1.000 zu 6.400 oder etwa 1 zu 6.
>
> Die Störkraft kann nichts anderes gewesen sein als der gravitative Zug, den die Masse eines der Erde sehr nahen kommenden Himmelskörpers auf ihre Oberflächenmaterie ausgeübt hat. Wie nahe müsste er der Erde gekommen sein? [...].
>
> Die Mondmasse ist gleich 1/8 der Erdmasse und der Mondhalbmesser beträgt 1.740 Kilometer. Damit ist ein nicht zu übersehender Fingerzeig auf den mutmaßlichen Störenfried gegeben. Der Himmelskörper, der die Erde heute als Mond satellitisch geleitet, ist der Erde einmal berührungsnahe gekommen – eine Begegnung, die sich in der ekliptischen Laufebene ereignete." (Muck 1978, S. 79f)

Diese Begegnung muss Muck zufolge auf dem jeweiligen Berührungspunkt in beiden Himmelskörpern gewaltige Flutbewegungen und jetzt, da der schnellere Mond sie umlief, auf der Erde eine mächtige, den Himalaya an Höhe vielfach übertreffende Äquatorwulst hervorgerufen haben.

Die Erdachse habe damals noch lotrecht auf der Ekliptik gestanden. Wasser und Sedimente seien bis zu 1.000 Kilometer Höhe hochgerissen, der aufgewölbte Simaboden des Ringmeeres sei zersplittert und zerbrochen worden und die nachfolgende submarine Vulkaneruption habe die letzten Wasserreste in Dampfform zerblasen.

> „Als der Mond aus diesem, seinem ersten Perigäum [= erdnächstem Punkt; Anm. RMH], zu einer großen geozentrischen Flachellipse entfloh, sich von der verwüsteten Erde rasch wieder entfernte, fielen Wasser und Sedimente aus bis zu 1.000 Kilometern Höhe herab – mit furchtbarem Schwall auf die kochende aufgeborstene Erdendecke, alles Land überflutend, alles darauf Lebende in den Strudel einer nahezu totalen Vernichtung hineinreißend.
>
> Wahrscheinlich sind die Wassermassen oft hin- und hergegangen. Wahrscheinlich hat das erste, vernichtende Perigäum des Mondes, da es periodisch wiederkehrte, in wenn auch schwächerem Ausmaße sich wiederholt, bis aus der extrem exzentrischen eine schwach exzentrische Eilbahn wurde.
>
> Niemand weiß, wie lange diese Störungszeit gedauert haben könnte. Doch als sie beendet, als auf Erden die Ruhe des Todes eingetreten war, lagen die Sedimente auf den Festlandstafeln. Sie wurden so aus marinen zu terrestrischen Ablagerungen." (Muck 1978, S. 80f)

Muck berichtet weiter über die Kontinentaldrifte und Einbruchsbecken und kommt in diesem Zusammenhang auch auf den Pazifik zu sprechen, der für unser Thema so wichtig ist. Er wirft die Frage auf, warum der Pazifik so tief ist (er hat eine mittlere Tiefe von 4.188 Meter ohne Nebenmeere, seine tiefste Stelle liegt etwa 11.000 Meter unter dem Meeresspiegel, während die durchschnittliche Wassertiefe des Atlantiks bei Einschluss aller Nebenmeere bei 3.293 Metern liegt) bzw. was diese außergewöhnliche Tiefe verursacht haben könnte.

Er bringt erst die Geologie ins Spiel, die den Grund folgendermaßen beschreibe: Weil die erwartete Sialkruste völlig fehlt und dafür eine 41 Kilometer starke Decke aus Basalt und darunter eine 34 Kilometer und mehr mächtige Unterdecke aus Piezogabbro unter amorph-plastischer Glasbasalt lägen, die man aufgrund ihrer einzigartigen Herkunft auch Ozeanite nennt. Sie enthielten viel Olivin und monokline Pyroxene; dies seien Gesteine, die auf hohe Temperaturen und größere Erdentiefen hinweisen würden. Diese pazifischen Ozeanite kämen nur in einem scharf umrissenen, riesigen Areal des Nordpazifiks vor. Die versuchte Erklärung ihres Entstehens durch fraktionierte Kristallisation setzt die Annahme voraus, dass gewaltige Massen von Olivin aus der tiefliegenden Dunitschale aufgestiegen seien, denen sich Pyroxene aus der Pyroxenitschale angeschlossen hätten. „Hier muss also die Erdenkruste eine tiefe, großflächige Wunde gehabt haben.“ An dieser Stelle fehle auch das Sial, das der Mond herausgerissen habe. Diese Wunde habe der Mond in die Erdkruste gerissen. An dieser „Mondnarbe“ sei der „Zenitflutberg“ entstanden, wo es zur extremen Nahbegegnung zwischen Mond und Erde gekommen sei. Hier habe sich die Starrkruste viele hundert Kilometer dem lautlos heranrasenden Mond zu aufgewölbt, wobei sie aufgebrochen und zersprungen sei.

„Das Zentrum dieses Gebietes im Pazifik, dem auch dort, nämlich zwischen 45° und 60° Nord, die zu erwartende Sialdecke fehlt, wo stattdessen aber Basalte und Ozeanite vorkommen, liegt auch etwa 20° Nord und 160° West, unweit von Hawaii." (Muck 1978, S.131)

Die Erdkruste östlich der Mondnarbe sei zum Zentrum hin zerbrochen und die Grabenbruchzonen seien unter dem ungeheuren Druck des Fluthügels entstanden, schreibt Muck, und sie seien es auch gewesen, die die Kanäle des heranschießenden Magmas aus den Ebbezonen bildeten und bis heute weitere Unruheherde schufen, denn schließlich gingen von untermeerischen Guyots – untermeerischen Kuppen mit flachem Gipfelplateau – im Pazifik heute noch schwere Tiefseebeben aus.

„Der Erdball ist in diesem Teil von der Tiefseeebene Alaskas bis hinunter zum Südpazifischen Becken zerknackt worden. Im Nordteil, wo sich die Gräben überwiegend befinden, ist der Salzgehalt im Verhältnis zu allen Weltmeeren am geringsten. Ferner weisen alle Grabenzonen einen minimalen Anteil an organisch gebundenen Kohlenstoffen in Form von pflanzlicher Urproduktion auf. Ursachen der Mangelerscheinungen sind die fehlende Einschwemmung von Sedimenten über Jahrmillionen sowie der Dunitanteil der emporquellenden feurigflüssigen Massen, der salzärmer als das ‚höhergelegene' Magma ist." (Muck 1978, S. 132)

Aus diesen tiefer gelegenen Dunitschichten ströme noch heute kapillarartig unter ungeheurem Druck auf über 200° erhitztes Tiefenwasser hervor, meint Muck weiter.

„Jedenfalls läge dieses Zentrum inmitten eines ungeheuren Faltungsgebietes. Die zirkumpazifischen Faltungen umrahmen in West und Ost das Areal des ehemaligen Zenitflughügels elliptisch, fast kreisförmig. Sie sind von den tiefsten Bruchlinien begleitet, die es auf Erden gibt, [...]. Die Kruste ist zerrüttet, zerbrochen, zerfaltet, aber nicht in den Weltraum hinausbefördert worden." (Muck 1978, S. 133)

Muck stellt weiter eine unverkennbare Massierung der Verteilung der Vulkane an den zirkumpazifischen Tiefseerinnen und Faltungen fest:

„Von den 475 aktiven Vulkanen auf der ganzen Erde finden wir 299, das sind mehr als 60 Prozent, am Rand auf dem Areal der ‚Mondnarbe'." Von den restlichen 176 lägen 70 im Südpazifik, und nur 106 entfielen auf die übrige ungleich größere Erdoberfläche. Vulkaneruptionen und Erdbeben sind im Pazifik alltägliche Vorkommnisse. Auch liegen die tiefsten Erdbebenherde – zum Teil in 600 bis 700 Kilometern Tiefe – am West- und Südrand des Nordpolarpazifiks, nahezu parallel zum Westrand der Mondnarbe! Die Sonderstellung jenes Gebietes wird durch all die angeführten Tatsachen motiviert. Sie fügen sich wie von selbst in die Vorstellung, dass hier die Erdkruste zum Zenithügel aufgewölbt ist." (Muck 1978, S. 134)

Von alledem sei jedoch heute nichts weiter als eine „Delle" übriggeblieben, was Muck verwundert, und er fragt sich wie diese entstanden sein könnte, sei sie doch das Gegenteil einer Aufwölbung.

Die pazifische Delle ist Muck zufolge die größte Depression auf der Erde. Auf den Geologen Heinrich Quiring (Entstehung des Mondes, Zeitschrift Forschung und Fortschritt, 1948) sich berufend, stellt Muck fest:

„Auf 35 Millionen Kilometern Areal liegt der Meeresboden zwischen 4 und 6 Kilometer, im Mittel in 5,2 Kilometer Tiefe und noch immer um etwa 1,5 Kilometer Tiefe und noch immer um etwas tiefer als die übrigen, im Mittel auf 3,7 Kilometer tiefer liegenden Gebiete der pazifischen Wanne. Zu erklären hätten wir gerade die Tiefendifferenz zwischen dem nordpazifischen Depressionsgebiet (5,2 Kilometer) und dem Normalwert des Weltmeeres (etwa 3,8 Kilometer, mithin von rund 1,4 Kilometern.

Multipliziert man die rätselhafte Tiefendifferenz mit dem Areal, so kommt man auf rund 50 Kubikkilometer. Wie könnte ein solches Riesenvolumen verschwinden? Volumen geht scheinbar verloren, wenn Materie, die dieses Volumen erfüllt, durch irgendeine Ursache dichter, schwerer geworden ist. Dies ist beim Nordpazifik der Fall, denn das Depressionsgebiet ist tatsächlich von abnorm dichtem Bodenstoff bedeckt – einem Material, das etwa zwischen Basalt und Dunit steht und erheblich dichter ist als die halbbasaltische Normaldecke der tellurischen Ozeanbecken. Diese hat eine Dichte bei 2,6, jener indessen von 3,0 bis 3,5. Er ist also um 16 Prozent dichter, nicht nur direkt an der Oberfläche, sondern bis hinab in große Tiefen. Die höhere Dichte ist damit zu erklären, dass bei der Krustenaufwölbung Tiefenstoffe aus der Dunit- und Pyroxenschale emporgestiegen sind und sich mit dem aufgeschmolzenen Gestein der gleichzeitig stark metamorphosierenden Kruste vermischt haben. Nach R.A. Daly [The subpacific crust, Proc. V. Pac. Sc, Congress 1933; einem Geologen, Anm. RMH] wären die beiden Deckenschichten im Nordpazifik zusammen 75 Kilometer stark. Wenn sie aber um 16 Prozent dichter geworden sind als normaler Meeresbodenstoff, so ist der Volumenverlust dadurch eingetreten, dass eine Schicht von etwa 1,4 km = 16 Prozent von 87 km Mächtigkeit – also etwa von der, die Daly für den Nordpazifikboden angibt – um 16 Prozent dichter und daher um ebensoviel volumenärmer geworden wäre.“ (Muck 1978, S. 134 - 136)

Auf dieser Basis erklärt Muck den Volumenschwund:

> „Als die Erdgestalt sich wieder weitgehend zurückbildete, musste dort, wo das Randmaterial durch die Einwirkung der Erdenhitze aufgeschmolzen, metamorphosiert und verdichtet worden war, eine flache Delle entstehen als Abschluss der Wundfläche, die vom Zenithügel übriggeblieben war. Der Sialteil zwischen 60° und 45° Nord und mit ihm auch anderes Material des aufberstenden Bodens wurde verblasen – wohin, ist nicht mehr feststellbar. Man darf nicht übersehen, dass weitaus die Hauptfläche der ‚Mondnarbe' auf erdzeitlichem Ringmeerboden liegt. Als dort die Kruste aufbrach, also aus den Spalten weißglühendes Magma quoll, hat es sich mit dem Ringmeer vermischt und ungeheure Mengen von Wasserdampf und zerrissener, zerstäubter, in Ascheflocken, Lapilli und Bimsstein verwandelter Lava erzeugt. Ein Teil ist wohl irgendwohin auf die Erde zurückgefallen und dann mit den Schwemmfluten und marinen Sedimenten weggetragen und später abgesetzt worden." (Muck 1978, S. 136f)

Blicke man auf die Wasserhalbkugel, meint Muck weiter, meine man förmlich zu sehen, wie die aus dem Südpolarkontinent auswandernden Landtafeln dem Zenithügel ausgewichen sind. Er habe sie weit weg von sich abgedrängt – so sehr, dass einzelne von ihnen, wie Südamerika und Afrika, überraschend nahe an den Nadirfluthügel[27] herangepresst wurden, der ja erheblich

[27] der dem Zenit genau gegenüberliegende Punkt der Himmelskugel

schwächer als der Zenithügel ausgeprägt gewesen sei, und somit auch nur den schmalen Atlantik produziert habe.

Es fiele auf, dass die großen Tiefseerinnen und die stärkeren Faltungen am Westrand der „Mondnarbe" lägen, denn hier sei das Krustenmaterial weitaus stärker zusammengeschoben worden als am Ostrand – als ob eine unvorstellbare Kraft es von Ost nach West gepresst und hier verfaltet hätte.

„Zweifellos ist jene Schubkraft vom Mond ausgegangen und sicherlich ist er von Osten hereingeflogen. Wie eine schräg angreifende Pflugschar hat er Erdkrustenmaterial vor sich hergeschoben und daher hier stärker deformiert als am Gegenrandbezirk. Dadurch, dass die Symmetrie der Vernichtungswirkung gestört war, erscheint das Zentrum der ‚Mondnarbe' aus dem Mittel nach Westen gerückt – es liegt nicht auf dem 160. Meridian ‚inmitten des Pazifiks', sondern um 20 Längengrade verschoben, auf dem 180. Meridian. Man kann sich plastisch vorstellen, wie die Erde die Zenit-‚Beule' dem sich nähernden Mond entgegenwölbte und wie sich die bildende, aus rückverschmolzenem, amorphem Krustenstoff, vermischt mit Tiefenmagma bestehende Materie dem aus seinem ersten Perigäum wieder entfliehenden Mond ein wenig nach Westen nachfolgte – mit dem Ergebnis, dass die Beule schief wurde, sich nach Westen neigte und, da die Erdgestalt sich nach Äonen zurückgebildet hatte, eine westwärts verschobene Narbendelle als letztes Dokument ihrer Existenz zurückgelassen hat. So betrachtet, ermöglicht die Verrückung der Mondnarbe sogar eine verschärfte Aussage, wie jener einmalige Vorgang abgelaufen sein dürfte.

Der Nordrand der Mondnarbe wird etwas durch den Schelfrand der hier noch direkt benachbarten Nordschollen gebildet. Der alte Kontinentalsaum ist vom 45. auf den 60. Breitengrad verschoben – um 15 Breitengrade oder rund

1.700 Kilometer. Es war, bei allem Unglück, ein Glücksfall, dass der Zenitpunkt der Mondnarbe auf 20° Nord, somit noch weit draußen im riesigen Ringmeer, gelegen hat. Die ‚Beule' hat den Kontinentalsaum zusammengerafft und stark verfaltet; sie hat den Nordkontinent um etwa 1700 Kilometer nordwärts verschoben. Die Teiltafeln sind damit auseinandergebrochen und am sekundären Mondflugberg jenseits des Nordpols vorbei nach Süden geschoben worden; dabei ist der Atlantikgraben entstanden." (Muck 1978, S. 138f)

Muck geht weiter auf die Frage ein, wie das Einbruchsbecken des tiefsten Nordpolarmeeres zu erklären sein könnte.

„Warum liegt, wo man Land erwarten könnte, eisiges Meer von 3.000 Metern Tiefe, mit einer Senke bis zu 5.400 Metern? Warum ist diese rätshafte Stelle des Sibirischen Eismeers gerade in der Verlängerung der Beringstraße, ungefähr auf dem Richtungspfeil, durch diese zum Zentrum der pazifischen Mondnarbe!

Warum ist diese rätselhafte tiefste Stelle des Siberischen Eismeeres gerade in der Verlängerung der Beringstraße, ungefähr auf dem Richtungspfeil durch diese zum Zentrum der pazifischen Mondnarbe? Warum ist dieses Polarmeeresbecken so auffällig von Archipelagen umrahmt, woher kommt das Inselgewirr vor der kanadischen und nordeuropäischen Küste?"

Dies alles sind Anzeichen dafür, dass die erdzeitliche Polarkappe bei der Verformung des Erdkörpers zerbröckelte und bei der Stauch- und Faltbewegung wellenartig deformiert wurde. Dabei sind neben Falten auch sekundäre Dellen, Einbruchsbecken, entstanden. Vom früheren Festland ragen jetzt nur noch die höheren Areale über den Meeresspiegel." (Muck, S. 139, 143)

Die Verformung des Geoids (der aus dem Schwerefeld der Erde abgeleiteten mathematisch vereinfachten Erdfigur) mit dem Zentrum auf 20° Nord, 180° Länge die „Hauptbeule“, ihr antipodisch gegenüber liegende „Nebenbeule“ und dazwischen eine erdumfassene Ringdelle, hat Muck zufolge mit sich gebracht, dass die losgebrochenen Sialtafeln den Dellenring der Mondebbezonen zu schieben begannen. Dadurch hätten sich die Tafeln aus ihrer erdaltzeitlichen Lage annähernd parallel zu den Breitenkreisen entsprechend der damaligen Küstenlinie nun meridional, also quer, gestellt. Nordamerika sei nicht nur weggeschoben worden, sondern es habe auch eine Schwenkung um fast einen rechten Winkel durchgeführt. Der Drehpunkt müsste, wie Muck ausführt, im Schwerpunkt etwas westlich der gewaltigen Seenplatte gelegen haben und die Drehung wäre, von oben her betrachtet, im Uhrzeigersinn erfolgt und infolgedessen wäre gerade der Nordteil der kanadischen Scholle südwärts ausgewichen. Die eurosibirische Scholle müsste sich, analog zu ihr, verlagert haben. Dabei wäre die Drehung, von oben her betrachtet, ebenfalls im Uhrzeigersinn so verlagert, dass ihre europäische Westseite gegen Südost abdrehte – möglichst weit weg von beiden „Beulen“ und möglichst hin zur nächstgelegenen Dellenringzone.

Es war nach Muck genau diese Auseinanderdriftbewegung, die zur Entstehung des Nordpolarmeers führten, und man dürfte es mit Recht als Fortsetzung des Atlantikgrabens ansehen. Die „atlantische Nadirbeule“[28] habe sich in ihrer landwegschiebenden

---

[28] Der Begriff „Nadir“ bezeichnet den Fußpunkt gegenüber dem Zenit

Bewegung hier mit der mächtigeren „pazifischen Zenitbeule" vereinigt, so dass die nördliche Meeresöffnung zwischen Atlantik und Pazifik entstand.

Das gewaltige langgestreckte Becken des Atlantiks wird von einem durchgehenden Rücken, der zentralatlantischen Schwelle, in zwei Teilbecken aufgegliedert, wobei die s-förmige Krümmung des Atlantikrückens „wiederholt unverkennbar" die Küstenlinie der Rahmenkontinente und das, was von einer ehemaligen Verbindung zwischen den Sialtafeln übrig blieb, zeige, nämlich:

> „eine Art Kittrücken aus Tiefenmagma, eine richtige Schweißnaht, die, nachdem die Kontinente auseinandergedriftet waren, nun mit dem neugebildeten Ozeanboden liegengeblieben und so zum untermeerischen Rücken geworden ist.
>
> Aber der heutige Atlantikrücken ist auch der Lage nach nicht identisch mit jenem Magnetkittstreifen, der während der Erdaltzeit Westeuropa und Ost-Nordamerika zusammengehalten hatte. Er liegt anders, denn die erdaltzeitliche Landkappe hat bei 45° Nord geendet, während sich der Atlantikrücken allein im Nordatlantik bis hinab zum 10. Breitengrad erstreckt. Er ist also um rund 35 Breitengrade südwärts gewandert – zusammen mit den damals noch zusammenklebenden Schollen. Sie sind erst dort, wo er jetzt liegt, auseinandergegangen. Wir erleben rückschauend die bereits erwähnte und begründete Wegschiebung der nordpolaren Landkappe von der sich aufwölbenden ungeheuren Zenitbeule im neu

entstehenden Nordpazifik. Bis dorthin, wo der heutige Atlantikrücken aus der meridionalen[29] in eine fast breitenkreisparallele Richtung umschwingt, drifteten die Kontinente noch zusammen." (Muck 1878, S. 144)

Allerdings wären sie nicht weiter gedriftet, weil sie bereits in den Wirkungsbereich antipodischen (also auf der gegenüberliegenden Seite der Erde liegenden Gebieten), aber viel schwächeren und deswegen zur im begrenzten Umkreis wirksamen Nadirbeule gekommen waren. Ihr Zentrum, der Nadirpunkt des ersten Mondperigäums, habe bei 20° Süd auf etwa 20° West gelegen. Dieser etwas westlichere Wert sei deshalb einzusetzen, auch wenn der durch den Ost-West-Anflug des Mondes nach Westen verschobene Gipfel der pazifischen Zenitbeule heute eine um 20° antipodisch verschobene Delle hinterlassen musste, meint Muck.

Der südliche Atlantikrücken läge ziemlich genau über diesem Punkt: ungefähr in der Mitte zwischen den tiefen Einbrüchen des brasilianischen und Angola-Beckens. Er zeige, dass die durch die Ausbildung der „mächtigen Zenitbeule" weggeschobenen Südkontinente Afrika und Südamerika gerade bis dorthin vereinigt gedriftet und, als sie den in den Wirkungsbereich der schwächeren Nadirbeule gerieten, auseinandergeschoben wurden – so weit auseinander, bis sie an Hindernisse stießen und sich an andere Kontinente anlagerten.

---

[29] Entlang einem Meridian, also einem Längengrad

Muck schreibt weiter, dass die beiden Teilbecken vermutlich eine einzige Delle bilden würden, die bis in 6.000 Meter Tiefe hinunterreichten – wenn nicht der Atlantik dazwischen läge. Diese Nadirbeule ist Muck zufolge ähnlich zu erklären wie ihr antipodisches Gegenstück im Nordpazifik: als Schrumpfungsdelle – bedingt durch Erdrückverformung und Volumenschwund infolge Verdichtung des von aufgequollenem Tiefemagma aufgeschmolzenen Füllgesteins.

> „Diese nunmehr in Drift gesetzten Polarkappenkontinente bzw. Sialblöcke haben, ähnlich wie ein Schiffsbug, das Wasser hochgeschäumt, vor sich her Sima und darauf geschüttete Sedimente aufgestaut, weil sie ja im Sima steckten. Sie trieben dieses Sima, das durch Erhitzung selbst an formerhaltender Kraft verloren hatte, vor sich her. Dabei nagte das Sima am driftenden Sialblock, etwa proportional mit der Tiefe, und zwar an dessen „Bug" weit über den normalen Simapegel hinaus. Dadurch verlagerte sich der am weitesten vorstehende Sialrand nach oben, bis etwa an den Schelfrand. Das aufgestaute Material überschichtete ihn und faltete sich dabei auf.
>
> So etwa kann man sich die sich einander nähernden Randpartien der gegeneinander driftenden Sialtafeln vorstellen. [...]. Sie prallten ‚ganz oben' zusammen. Und da dieses ‚ganz oben' nicht überall gleich hoch war, wurde einmal ein Stück des einen, dann des anderen Kontinentalrandes seitlich höher geschoben. Grundsätzlich aber hat ein Zusammenprall beide Schollenränder aufgebogen, weil sie sich nahe ihrer Oberkanten getroffen haben. Aufbiegung bedeutet Orogenese = Gebirgsbildung, Hebung und Faltung." (Muck 1978, S. 145f)

Muck stellt dann fest, dass damit eine erdgeschichtliche Phase begann, die „das Antlitz unseres Heimatsterns nachhaltig vorformt und verändert hat". So seien nicht nur dort, wo die Kontinente zusammendrifteten und sich unter ungeheuren

Energieumsetzungen aufbäumten und dabei die Schollenränder verkrümmten, wellenartig auf- und abgehende Faltungen – „Antiklinalen“ und „Synklinalen“ – gebildet und riesige Faltengebirge aufgetürmt worden, sondern auch die Schollen selbst hätten sich verformt und ausgeprägt.

Sähe man sich nun Reliefdarstellungen des Pazifiks und des Atlantiks an, „vermag man sich geradezu plastisch anhand der Ränder und Schleifspuren die driftenden Schollen vorzustellen, wie sie sich ihren Weg durch das Sima bahnten“.

Doch diese Simadecke ist Muck zufolge bereits mit dem beim Mondeinfang hochgehobenen, am Ende des ersten Mondperigäums wieder herabgestürzten und verschwemmten, mit Tier- und Pflanzenleichen gefüllten, Sedimenten bedeckt gewesen, bevor der Schollenbug sie durchzog. Sie seien die obersten mit vulkanischen Laven durchsetzten Schichten. Insbesondere die unteren, „älteren“ Schichten müssten etwas vom Lavaguss abbekommen haben. Tatsächlich fänden sich solche Zeugen des Vulkanismus im Silur und an der Grenze zwischen Karbon und Perm. Der Schollenrand habe diese „transformierten“ Sedimente wie ein Meißel abgehoben und sich als „Bugwelle“ „gewissermaßen aufgeladen“.

Muck schreibt weiter:

> „Bei Betrachtung der Reihenfolge muss man sich vorstellen, dass zunächst die driftende Scholle ins Ringmeerbecken vorstieß und von dort transformiertes Sediment auflud. Dieses war mit Resten mariner Fauna und Flora gefüllt und daher zeigen die ‚untersten‘ und damit ‚ältesten‘ Schichten – Präkambrium, Kambrium und Silur – in den von ihnen erhaltenen Resten eine Urmeerwelt.
>
> Die durch die Drift zusammengeschobenen verfestigten ‚Bugwellenschichten‘ wanderten, von immer neuen Bugwellen

aufgeschoben, weiter landeinwärts und unterschoben sich den dort locker aufliegenden, verschwemmten, mit Resten litoralem [zur Küstenzone gehörigen Anm. RMH] Lebens gefüllten „jüngeren Schichten. Je weitgreifender diese durch Drift bedingte Landeinwärtswanderung der Sedimentschichten gedieh, desto häufiger kam es zu den annähernd ‚vollständigen Schichtenfolgen', die der geltenden Idee des ‚steinernen Bilderbuches der Vorzeit' entsprechen." (Muck 1978, S.147)

Muck betont, dass man sich die Entstehung der „scheinbar" geordneten, nun terrestrisch gewordenen, derart „transformierten" ursprünglichen marinen Sedimente, „etwa so vorzustellen habe", und weiter schreibt er:

„Im Auffaltungsgebiet, wo die Schollenränder aufeinanderstießen und sich aufbogen, krümmten und verwarfen, sind die transformierten Sedimente erneut, zum zweiten Mal mitverformt, auf- und abgefaltet worden. Das Maximum der Veränderungen kann nur dort eingetreten sein, wo die größten Landmassen erstmals zusammenstießen, südlich des Himalayas.

So kam es zu jenen gewaltigen Faltungen, deren Zentrum im asiatischen Hochland liegt und uns den Ort des stärksten Ebbezonenbereiches markierte. Jene Falten kennzeichnen sein nördliches Randgebiet. Da er 500 Kilometer ‚tief' war, erreichte sein Durchmesser 5.000 Kilometer. Das Zentrum der Delle muss demnach 2.500 Kilometer südlich des Himalayas verlaufen sein [...] Sucht man es auf der Karte, so findet man es auf etwa 10° Nord und 93° Ost.

Antipodisch dazu müsste der Zenithügel gelegen haben, also im Pazifik westlich der heutigen Lage Südamerikas, im Raum der Osterschwelle.

Dort muss es zu einer mächtigen vorübergehenden Aufwölbung der Erdkruste, zur Entstehung einer flachen ‚Beule', eine Art gigantischer Vulkankappe von Kontinentalgröße, gekommen sein. In diesem durchaus irregulärem Ausnahmefall mag aus der Sima, aus echtem Urmeeresboden vorübergehend ein obermeerisches Gebilde einer flachen ‚Beule', eine Art gigantischer Vulkankappe, gekommen sein." (Muck 1978, S. 147f, Hervorhebungen durch RMH)

Es fällt doch auf, dass dieses „obermeerische" Gebilde, heute würde man sagen eine großgeratene ozeanische Insel, eine Insel mit ozeanischer Erdkruste genau dort liegt, wo nach allem, was wir bis jetzt gesagt haben, Lemuria oder besser gesagt Mu lag! (Lassen wir die Lemuria-im-Indischen-Ozean-Theorie einmal außer Acht) Deshalb stelle ich hier die These auf, dass der Lemuria-Gegner Otto H. Muck versehentlich Lemuria entdeckt hat. Damit wäre auch das Untergangsszenario von Lemuria genau erklärt!

Muck selbst aber sagt über Lemuria:

> „Die Theorie, der Mond sei aus dem Pazifik entstanden, die Legende vom Erdteil Mu oder Lemuria im Pazifik hat ernsthafte Forscher bis vor Kurzem gefesselt. Aber Basalt hat niemals Erdteile bilden können, er ist ein ‚frühes Gestein', dagegen bestehen alle Kontinente aus spezifisch leichteren Granitsockeln." (Muck 1978, S. 14)

Zweifellos hat Muck mit dieser Aussage Recht, allerdings hat er später im Buch, wie wir oben gesehen haben, einen Ausnahmefall „eingeräumt“, nach dem zumindest eine größere Landmasse eine Zeitlang im Pazifik gelegen habe. Muck präzisiert seine Aussage mit den Worten:

> „Die Annahme Wegeners, für die ihm freilich exakte Beweise ermangelten, ist heute [bezüglich des Begriffes ‚heute‘ muss man beachten, dass Muck das Manuskript vor seinem Tod am 7. November 1956 verfasst haben muss; Anm. RMH] Gemeingut der Geologie. Sie hält – allerdings ohne dies vorher gesagt zu haben – ein Auf und Ab der Landtafeln für durchaus möglich. Sie glaubt daran, dass das, was heute Land ist, früher einmal auch Meeresboden gewesen sein könnte. Sieht man von Wegener und den Wenigen, die ihm nachfolgten, ab, so zeigt so ziemlich jedes geologische Lehrbuch Darstellungen vergangener Land-Wasser-Verteilungen, die von verschwundenen Kontinenten – Gondwana, Lemuria und ehemaligen Meeren – Tethys usw. nur so wimmeln und von dem ungeprüften Prinzip vertikaler Freibeweglichkeit der Landtafeln und Meeresböden freigiebigsten Gebrauch machen. [...]
>
> Wir wissen mit an Gewissheit grenzender Wahrscheinlichkeit, dass das, was als granitischer Sialblock entstand und zur Urlandtafel wurde, aus freien Stücken niemals absinken und so Meeresboden werden könnte.“ (Muck 1978, S. 45)

Damit geht er ausdrücklich von der Vermutung aus, dass Lemuria bzw. Mu aus kontinentalem Krustenmaterial bestanden haben müsse und deswegen nicht existiert haben könne. Wie wir aber weiter oben beschrieben haben, hat er einen „irregulären“ Ausnahmefall erkannt, in dem ein basaltisches Gebilde, eine aus rein ozeanischer Kruste bestehende Landmasse, sich zumindest eine große Zeitspanne lang über dem Meeresspiegel halten konnte. Offensichtlich hat Muck aber nicht erkannt, dass die basaltige, aufgrund einer Ausnahmesituation entstandene Erhebung, die sich aus seiner eigenen Theorie ergibt, die Ursache für die Legenden von „Mu“ und „Lemuria“ hätte sein können!

Man könnte nun noch einwenden, dass die Entstehung des Verursachers der Ereignisse, des Mondes mittlerweile im Sinne der Kollisionstheorie, nach der der Mond nach einem exzentrischen Zusammenstoß der Proto-Erde mit einem ungefähr marsgroßen Körper, der Theia genannt wird, entstanden sei. Dieser Theorie zufolge ist ein großer Teil der abgeschlagenen Materie beider Körper in eine Umlaufbahn um die Erde gelangt und habe sich dort zum Mond geballt. Doch selbst der eher dem wissenschaftlichen Mainstream zugeneigten Wikipedia bleibt nichts anderes übrig als auf den Artikel vom 18. Februar 2013 „Water on the moon: It's been there all along“ auf der Seite

https://www.sciencedaily.com/releases/2013/02/130218132355.htm

basierend zu schreiben:

> „Eine 2013 in Nature Geoscience veröffentlichte Entdeckung zeigte, dass Mondgestein, von dem angenommen wird, dass es die ursprüngliche Mondkruste darstellt, einen erstaunlich hohen Wassergehalt aufweist. Dies warf neue Fragen bezüglich der Entstehung des Mondes auf, da sich dieser Befund schwer mit der gut etablierten Kollisionstheorie in Einklang bringen lässt.“
>
> (*https://de.wikipedia.org/wiki/Entstehung_des_Mondes*)

Die Muck´sche Theorie aber kann das ohne Weiteres!

Nach Beendigung dieses Manuskripts, glückerweise aber vor der Veröffentlichung, stieß ich noch auf eine weitere interessante Quelle, nämlich den Artikel von Joachim Laukenmann „Der Mond bleibt ein Rätsel“ vom 16.03.2019 auf

https://www.sueddeutsche.de/wissen/mond-raumfahrt-erde-entstehung-1.4363635

bzw. der Fortsetzung dieses Artikels auf

https://www.sueddeutsche.de/wissen/mond-raumfahrt-erde-entstehung-1.4363635-2 ,

der den Titel „Der kleine Unterschied“ trägt. Dieser Artikel beginnt mit der Feststellung:

„Selbst für Experten ist es nicht einfach, alle Besonderheiten des Mondes zu erklären, der Erdtrabant gilt unter Experten als ‚furchtbar speziell‘.“

Laukenmanns Grundlage ist die Auswertung von Apollo-Missionen, die anhand der chemischen Zusammensetzung des Mondgesteins die Entstehung des Mondes erklären sollten. Die Astronauten brachten damals insgesamt 382 Kilogramm Mondproben mit auf die Erde.

Der Autor stellt mit Recht fest, dass der Mond deutlich größer ist als alle anderen Monde von Planeten in unserem Sonnensystem; die zweite Eigentümlichkeit, die er sieht, ist, dass er einen äußerst kleinen Eisenkern hat, während fast alle erdähnlichen Planeten jeweils einen Eisenkern von einem Drittel der gesamten Masse des Körpers haben; und, last not least, stellt er fest, dass der Mond der Erde chemisch sehr ähnlich ist. Eine der ersten Hypothesen, die bezüglich der Entstehung des Erdmondes gehandelt wurden, beschreibt Laukenmann folgendermaßen:

> „Eine der ersten Hypothesen war, dass sich die heiße junge Erde (Protoerde) so schnell um die eigene Achse drehte, dass sich ein Tropfen ablöste, aus dem sich der Mond bildete. Das würde erklären, weshalb beide Körper isotopische Zwillinge sind und der Mond keinen Eisenkern besitzt. Um die Rotationsenergie oder genauer: den Drehimpuls des Erde-Mond-Systems zu erklären, hätte sich die Protoerde allerdings enorm schnell drehen müssen. ‚Das ist nicht plausibel‘, sagt [Willy Benz vom Institut für Weltraumforschung und Planetologie

der Universität Bern und Präsident des Rats der Europäischen Südsternwarte (ESO)]: ‚Die Abspaltungshypothese kann den heutigen Drehimpuls des Erde-Mond-Systems nicht richtig erklären.'"

Laukenmann weist weiter darauf hin, dass bezüglich der Chemie von Mars und Mond, die so gerne als „isotopische Zwillinge" bezeichnet werden, Matthias Meier, Geologe und Kurator des Naturhistorischen Museums St. Gallen, der sich intensiv mit dieser Thematik befasst, sagt: „Dies gibt uns einen Hinweis darauf, dass der Mond nicht einfach ein irgendwie abgespaltenes Stück des Erdmantels ist."

Dann, und das ist für unser Thema besonders wichtig, geht er auf die heute anerkannte „Theia-Hypothese" ein. Dazu stellt Laukenmann fest:

„Auch hier passen noch nicht alle Puzzlestücke zusammen. In den Simulationen bildet sich der Mond vorwiegend aus Material von Theia, anfangs zu rund 70 Prozent. Wie Benz sagt, brachte man es durch geeignete Wahl der Parameter für den Crash auf rund 30 Prozent herunter. ‚Aber es war immer noch zu viel Theia-Material im Mond, um die ähnliche isotopische Komposition von Erde und Mond zu erklären.' Zweifel an der Einschlagshypothese gibt es auch wegen einiger flüchtiger Elemente wie Wasser, die sich auf dem Mond fanden. Hätten so leichte Stoffe bei einem gewaltigen Crash nicht weggeblasen werden müssen?"

Wie wir bereits gesehen haben, ist der Wasseranteil des Mondes in Mucks Szenarium sogar zu erwarten, da der Körper tief ins irdische Wasser eintauchte und aus diesem Vorgang sind die Wasseranteile des Mondes entstanden!

Meier sagt, darauf angesprochen, dazu ganz richtig: „Vielleicht verstehen wir diesen Einschlag noch nicht ganz". Dann ergänzt er aber: „Wenn man die Rahmenbedingungen des Einschlags variiert, etwa die Geschwindigkeit, den Einschlagswinkel und die Massen der Körper, dann findet man Szenarien, bei denen Erde und Mond aus ähnlichen Anteilen von Protoerde und Theia-Material entstehen." Doch Laukenmann fügt den Worten Meiers hinzu: „Die Szenarien, in denen das gelingt, sind aber leider für sich genommen sehr unwahrscheinlich."

Und so stellt Laukenmann eine Abwandlung der Theia-Hypothese vor, wenn er schreibt:

> „Vielleicht wurde die chemische Zusammensetzung von Erde und Mond auch nicht beim Einschlag festgelegt, sondern näherte sich erst später an. Gemäß der 2017 vorgestellten ‚Synestia-Hypothese' bildete sich nach dem Einschlag von Theia rund um die Erde eine ringförmige Struktur aus heißem Gesteinsgas und flüssigem Gestein. Der Erdmantel ging fließend in diese Ringstruktur über, aus der später der Erdmond kondensierte. Das würde für eine perfekte Durchmischung sorgen,"

und zitiert Meier mit den Worten:

> „Aktuell wird diskutiert, ob diese komplexe Synestia-Struktur wirklich physikalisch plausibel ist und ob sie die tatsächlich beobachteten, minimalen Unterschiede zwischen der Chemie von Erde und Mond auch erklären kann."

Interessant für unser Thema ist auch die folgend zitierte Aussage Laukenmanns:

> „Laut Benz wurden noch längst nicht alle möglichen Varianten für einen Einschlag von Theia im Detail untersucht. ‚Die Jury ist immer noch am Diskutieren, ob die Einschlagshypothese stimmt', sagt Benz. ‚Aber würde man die Fachwelt heute über die verschiedenen Erklärungen abstimmen lassen, bekäme die Einschlagshypothese die Mehrheit.'"

Das aber bedeutet eine klare Relativierung der Theia-Hypothese ... Die Muck´sche Theorie kann allerdings beide Probleme ganz einfach erklären:

- Asteroiden haben keinen Eisenkern. (s. z. B.:

  https://abenteuer-universum.de/planeten/sosys.html

  und der kleine Eisenkern des Mondes kann später durch Meteoritenbeschuss entstanden sein:

  https://www.planet-wissen.de/natur/weltall/mond/pwiewieistdermondentstanden100.html ,

  bzw. im Urzustand hat sich bei ihnen noch keiner gebildet[30] (s.

  https://www.final-frontier.ch/das-1x1-des-asteroiden-bergbaus)

- Die ähnliche, aber doch nicht exakt gleiche, chemische Zusammensetzung resultiert daraus, dass der Einschlagskörper Teile der Erde einschließlich der Kruste herausriss.

Nach den bisher erarbeiteten Indizien können wir ohne Wenn und Aber sagen: Ja, die grenzwissenschaftliche Lemuria-Betrachtung ist nicht nur angebracht und sinnvoll, sondern sie ist ein absolutes „Muss". Dementsprechend äußert sich auch Bernhard Beier in einem Artikel auf *„Atlantisforschung.de"* ...

---

[30] Eine solche Ausbildung eines Kerns wird auf der Webseite https://de.wikipedia.org/wiki/Differenzierung_(Planetologie) beschrieben. Vgl. hierzu: https://astrokramkiste.de/asteroiden/12-sonnensystem/asteroiden

EIN PLÄDOYER FÜR DIE GRENZWISSENSCHAFTLICHE LEMURIA-BETRACHTUNG

Bernhard Beier stellt in seinem Artikel „Ein Plädoyer für die grenzwissenschaftliche Lemuria-Betrachtung" auf

http://atlantisforschung.de/index.php ? title=Lemuria

folgendes fest:

„Sicherlich noch umstrittener als die Existenz eines verschwundenen Vorzeit-Reiches im Atlantischen Ozean ist die Frage nach einer urzeitlichen Hochkultur und ihrem versunkenen Sitz im Pazifik oder im Indischen Ozean. Nicht nur ‚engstirnige', konventionelle Schulwissenschaftler, sondern auch wissenschaftskritische Forscher, grenzwissenschaftlich interessierte Menschen und selbst überzeugte Atlantologen, die sonst für spekulative Ansätze und Ideen offen sind, tun sich nicht selten schwer mit dem sagenhaften Lemuria oder Mu. [...]. Die Vorstellung, es habe womöglich auch im pazifischen Großraum – auf heute versunkenen Landmassen – prähistorische Kulturen gegeben (von denen bis in die Gegenwart hinein noch viele Mythen und Legenden der dortigen Völker berichten!) scheint allseits ‚schwer verdaulich'.

In Stefan Wogawas, bei MYSTERIA 3000 erschienenem Aufsatz ‚Urkontinent Lemuria - Von der wissenschaftlichen Hypothese zur okkultistischen Spekulation' (auf

https://mysteria3000.de/magazin/urkontinent-lemuria/)

findet sich dazu ein bezeichnendes Zitat eines namentlich ungenannten Sachbuch-Autors. Dieser Anonymus stellt kurz und knapp fest, von allen Legenden über versunkene Kontinente sei ‚die Geschichte von Lemuria die absurdeste'. Wogawa scheint diese Meinung weitgehend zu teilen, deuten doch Struktur, Titel und Tenor seiner Arbeit darauf hin, dass es aus seiner Sicht nur zwei antagonistische Betrachtungsweisen der Lemuria-Hypothese geben kann: eine ‚wissenschaftliche' und eine ‚okkulte'.

Die ‚wissenschaftliche' Sichtweise soll nun, Wogawa und dem von ihm zitierten Anonymus folgend, darauf hinauslaufen, diesem dubiosen ‚Lemuria' jegliche Historizität abzusprechen, die Angelegenheit zum Anathema zu erklären und Forschungen in dieser Richtung als Beschäftigung mit einem ‚un'-respektive ‚pseudo-wissenschaftlichen' Gegenstand zu betrachten. In der Tat scheint es ernst zu nehmende Forschung' im eigentlichen Sinne – sei sie nun schul-, populär- oder grenzwissenschaftlicher Natur – seit Jahrzehnten kaum gegeben zu haben. Kein Wunder also, dass Okkultisten und Esoteriker die Lemuria-Hypothese in der allgemeinen Wahrnehmung völlig für sich vereinnahmen konnten."

Typisch für das vorherrschende Lemuria-Bild ist Beier zufolge z.B. eine Veranstaltung, über die Wogawa schreibt:

„Als im Juni 1999 am Mount Shasta[31][...], einem 4.300 Meter hohen erloschenen Vulkan in Kalifornien, ein ‚Lemuria-Kongress mit Festival' unter dem Titel ‚Lemuria und die Zeitenwende' stattfand, richtete sich die Veranstaltung vor allem an Esoteriker. Der Mitinitiator Dietrich von Oppeln sieht

---

[31] Beier merkt dazu an: „Der Mount Shasta in Kalifornien gilt seit vielen Jahrzehnten in Esoteriker-Kreisen als ‚geheimer Stützpunkt' überlebender Lemurier in Amerika."

in Lemuria die ‚spirituelle Epoche von Atlantis'. Oppeln ist Autor von Büchern wie ‚Lemuria - Land des goldenen Lichts' und ‚Die Kristallstädte von Lemuria', verdient auch mit einer Lemuria-CD am Thema. Eines seiner Bücher ist nach Verlagsangaben ein Werk, in dem Oppeln ‚in seiner Trance-Reise zeigt, wie in Lemuria und den Kristallstädten gelebt, geforscht und gearbeitet wurde'".

Neben Lemuria als ‚okkultem Spektakel' würde auch die Literatur von gechannelter und sonst wie auf ‚übersinnlichen Wegen' erhaltener Pseudo-Geschichte zur pazifischen Primhistorie[32] dominiert, schreibt Beier weiter, und so könne Wogawa – durchaus zu Recht – feststellen:

> „Eine Durchsicht aktueller Veröffentlichungen zeigt: Lemuria ist dort meist das verlorene Paradies, der ‚Garten Eden', eine frühe Hochkultur auf einem inzwischen versunkenen Kontinent, dessen Bewohner über die phantastischsten Fähigkeiten, mental, bisweilen magisch und/oder technisch, verfügten."

---

[32]Zum Begriff „Primhistorik" schreibt Beier: „Anmerkung: PRIMHISTORIE = Die 'Geschichte vor der Geschichte' oder: Historie vermuteter prä-holozäner Menschheitskulturen / PRIMHISTORIK = Die Primhistorik ist ein alternativ-historisches (grenzwissenschaftliches) Forschungsgebiet, das sich mit der Möglichkeit entwickelter, spät-eiszeitlicher (oder noch früherer) Menschheitskulturen sowie mit der Beweisführung ihrer vormaligen Existenz und mit ihrer Identifizierung beschäftigt. Geprägt wurde dieser Begriff in den 1970er Jahren durch den französischen Alternativ-Historiker und Paläo-SETI-Forscher Robert Charroux."

Dies steht natürlich im Widerspruch zu der im letzten Kapitel erarbeiteten Möglichkeit, dass Lemuria kein klassischer Kontinent und sicherlich kein Paradies war, sondern ein aufgrund einer Ausnahmeerscheinung entstandener, temporär bestehender, riesiger Vulkan, um es einmal salopp auszudrücken. Allerdings ist nichts gegen die Idee einzuwenden, das sich auf dort eine zeitweilig existierende höhere Kultur entwickelt haben könnte.

Das unhistorische Klischee von Lemuria und Atlantis als irdischem „Garten Eden“ wird Beier zufolge seit einigen Jahrzehnten ebenso gerne von Esoterikern wie von „wissenschaftlichen“ (Anführungszeichen von Beier gesetzt) Kritikern der Annahme versunkener Kontinente und Zivilisationen verwendet. Letzteren ginge es dabei zumeist darum, „jede“ Überlegung unglaubwürdig zu machen, die im Zusammenhang mit den beiden versunkenen „Fabel-Reichen“ die Anfänge menschlicher Zivilisation weit hinter die offiziell zugestandenen Perioden verschiebt: „Wer sich mit ‚Lemuria‘ beschäftigt, MUSS doch ganz einfach von einem paradiesischen Utopia träumen, oder etwa nicht?“

Relativierend stellt Beier allerdings dazu fest:

> „Grundsätzlich gibt es aber auch noch einen dritten Ansatz zur Betrachtung des Lemuria-Komplexes – und der ist grenzwissenschaftlicher bzw. atlantologischer Natur. Immerhin gibt es wohl kaum eine andere alternative Forschungsrichtung, die sich in ähnlich umfänglicher und kontroverser Weise mit dem

‚Versinken' putativer[33] Landmassen und Zivilisationen beschäftigt hat. Was lässt sich also aus dem Blickwinkel moderner Atlantisforschung, jenseits der prominenten Ideologien wissenschaftlicher und esoterischer ‚Gurus', zum Thema Lemuria feststellen?"

fragt sich Beier anschließend, um nachfolgend zu überprüfen, ob es tatsächlich eine Grundlage für die Annahme versunkener Landmassen und Frühkulturen im pazifischen Großraum gäbe, oder ob dies so ausgeschlossen sei, wie es Anhänger konventioneller Wissenschaft stets behaupten. Seine Darlegungen über die Möglichkeit einer mythologischen Basis von Lemuria haben wir bereits vorweggenommen, und ‚das Lemuria der Esoteriker und Okkultisten' werden wir später in einem eigenen Kapitel behandeln, da dieses Thema sehr ausführlich ist.

So kommt Beier in seinem Artikel „Pazifika - grenzwissenschaftliche Lemuria-Betrachtung" auf

http://atlantisforschung.de/index.php?title=Pazifika_-_grenzwissenschaftliche_Lemuria-Betrachtung "

dann auf den „dritten" Weg zu sprechen, bei dem es sich um die Herangehensweise nonkonformistischer[34] Atlantologie handelt, die als grenzwissenschaftliche Forschungsrichtung immerhin

---

[33] D. h. „vermeintlicher"

[34] Nonkonformismus bedeutet: Von der herrschenden Meinung bzw. den bestehenden Verhältnissen unabhängige Einstellung, Auffassung.

eine gewisse Kompetenz bei der Auffindung versunkener „Kontinente" und verschollener Zivilisationen für sich in Anspruch nähme.

> „Grenzwissenschaftliche Atlantisforscher werden, wenn sie sich ernsthaft mit dem heiß diskutierten Lemuria-Problem [...] konfrontiert sehen, in aller Regel das tun, was sie in ihrer atlantologischen Praxis gelernt haben (oder zumindest: haben sollten!): Sie prüfen nämlich, bevor sie sich zu einer Antwort auf die Frage nach der Validität der Le(Mu)ria-Hypothese in der Lage sehen, zunächst einmal objektiv die Grundlagen, die zur Beweisführung einer (oder mehrerer) – im Wortsinn – untergegangenen Hochkultur(en) des Pazifik notwendigerweise gegeben sein müssen. Um dabei in unserer Diskussion nicht den ideologisch vorbelasteten und ‚pejorativ konnotierten'[35] [...] Le(Mu)ria-Begriff benutzen zu müssen, wollen wir den Gegenstand unserer Betrachtung, die vermutlich im Stillen Ozean versunkenen Landgebiete [wobei er Wert auf die Feststellung legt, dass es sich dabei nicht zwangsläufig um einen kompakten Großkontinent gehandelt haben müsse; Anm. RMH], insgesamt als ‚Pazifika' bezeichnen und ihre putativen Bewohner als ‚Ur-Pazifiker'."

[35] Dazu merkt Beier an: „Der sprachwissenschaftliche Begriff der „pejorativen Konnotation" bedeutet in etwa, dass ein bestimmter Ausdruck (z.B. „Lemuria", „Anarchie", „Kommunismus" etc.) beim Rezipienten (d. h.: Empfänger, z. B. Leser oder Zuhörer) in einem bestimmten sozio-kulturellen Kontext üblicherweise negative Assoziationen auslöst. Das Gegenteil dazu ist die „appraisative Konnotation" positiv besetzter Begriffe („Wissenschaft", „Fotomodell", „Urlaub", etc.).

Den ersten Schritt einer solchen Betrachtung stellt Beier zufolge die Überprüfung der mythologischen Grundlagen des Le(Mu)ria-Phänomens dar. „Was können uns die alten Sagen, Legenden und Überlieferungen der Pazifik-Bewohner und -Anrainer über hypothetische Reiche der Vorzeit verraten bzw. spielten solche Mythen überhaupt eine Rolle in diesen Kulturen? Gibt es darüber hinaus mythologische Indizien für kataklysmische Umwälzungen, die sich in Einklang mit der Behauptung bringen lassen, im Gebiet des heutigen pazifischen Ozeans hätten noch während rezenter Perioden größere Landmassen existiert?" Diese Fragen haben wir bereits im positiven Sinne beantwortet.

Wenn wir uns zu diesem Fragen-Komplex Klarheit verschafft hätten, müssten wir im zweiten Schritt prüfen, ob es geologische bzw. ozeanographische Indizien und Evidenzen gibt, die derartige Überlieferungen stützen könnten. „Entspricht es wirklich den Tatsachen, dass im Pazifik seit Jahrmillionen keine größeren Landgebiete versunken sind, wie uns die Anhänger der lyellistischen[36] Mainstream-Geologie gebetsmühlenartig versichern? Wie stringent sind solche „wissenschaftlichen" Aussagen, wenn wir sie mit konkreten Forschungs-Ergebnissen und

---

[36] Der Lyellismus bezeichnet eine – analog zum Begriff "Darwinismus" gebildete Wortschöpfung zur kritisch-pointierten Bezeichnung einer letztlich ideologisch befrachteten Überbewertung und dogmatischen Auslegung der geologischen Lehrsätze Charles Lyells (1797 - 1875) und insbesondere des von ihm popularisierten Aktualismus (ironisch: "Allmählichismus") im „real existierenden Wissenschaftsbetrieb".

den vorliegenden Evidenzen zur jüngsten Erdgeschichte vergleichen?“, fragt sich Beier.

Schließlich stellt er fest, dass im dritten Arbeitsgang in Form einer (krypto-)archäologischen Bestandsaufnahme festgestellt werden müsse, ob möglicherweise bereits handfeste Anhaltspunkte dafür vorliegen, dass es bereits während spätpaläolithischer Zeiten mehr oder weniger entwickelte Kulturen im pazifischen Großraum gegeben hat. Sollte die Behauptung vieler Anthropologen, dass Menschen sich erst in jüngster Vergangenheit dort angesiedelt haben, wirklich richtig sein? *Wenn* es dort tatsächlich primhistorische Zivilisationen gegeben haben sollte, müssten zumindest noch vereinzelte Spuren von ihnen existieren, die archäologisch identifizierbar und einzuordnen sind. Und sollten derartige Relikte tatsächlich vorhanden sein, wäre die bereits erwähnte, allgemein akzeptierte Behauptung, von allen Berichten über versunkene Kontinente und Kulturen sei „die Geschichte von Lemuria die absurdeste“, eindeutig ad absurdum geführt.

Dem zustimmend, kommen wir nun auf Beiers Erkenntnisse bezüglich der geologischen Grundlagen der Pazifika-Hypothese zu sprechen.

AUF DEN GEOLOGISCHEN SPUREN VON LEMURIA

„Ganz gleich, wie Lemuria zerstört wurde, Lemuria lässt sich nicht mehr unter den Teppich kehren ... und kleine Beweis-Stückchen treten nach und nach zutage ..." zitiert Bernhard Beier im Artikel „Geologische und ozeanographische Grundlagen für die Pazifika-Hypothese?" auf

http://atlantisforschung.de/index.php?title=Geologische_und_ozeanographische_Grundlagen_f%C3%BCr_die_Pazifika-Hypothese%3F

den Geologen William Hutton. Und weiter schreibt er:

> „Es gibt keinen versunkenen ‚Kontinent' im Pazifik oder im Indischen Ozean! Dies scheint das Credo der modernen Geologie zu sein, wenn die Frage nach ‚Le(Mu)ria' gestellt wird. Doch selbst wenn wir – um des Arguments willen – das aktualistische Denkmuster [also der Lyellismus, Anm. RMH] der Damen und Herren ‚Fachleute' übernehmen, brauchen wir solche Äußerungen nicht sonderlich ernst zu nehmen. Ganz im Gegenteil dürfen wir behaupten: Es steht heute *außer Frage*, dass in der Tat während rezenter Perioden der Erdgeschichte ungeheure Landmassen von den Fluten dieser beiden Meere verschlungen wurden!"

Hierzu sei angemerkt, dass Otto Muck, der oft als Katastrophist[37] oder Neo-Katastrophist angesehen wird, sich tatsächlich zur gegensätzlichen Theorie, nämlich zum Aktualismus, bekennt und lediglich zwei irreguläre Ausnahmen einräumt, nämlich den bereits besprochenen Mondeinfang und sein Szenario zum Untergang von Atlantis, das er in seinem Buch *„Atlantis – Die Welt vor der Sintflut"* vorstellt. Kommen wir aber zu Beiers Artikel zurück. Er schreibt dort weiter:

> „Großmaßstäbliche Überflutungen, wie wir sie hier besprechen, können im Wesentlichen aufgrund zweier Natur-Phänomene zustande kommen: A) Das Absinken von Landmassen. B) Das Ansteigen der Meeresspiegel. Während die erstgenannte Möglichkeit – zumindest als rapide, großräumig und kataklysmisch[38] verlaufendes Ereignis – von Geologen entschieden in Abrede gestellt wird, dürfte kaum jemand ernsthaft bestreiten, dass es während der jüngsten 12.000 Jahre einen sehr deutlichen Anstieg der ozeanischen Pegel gegeben hat.
>
> Wenn wir jedoch konservativ[39] einen Anstieg der Meeres-Spiegel um ca. 100 m bis 150 m voraussetzen, hat dies bereits

---

[37] Der Katastrophismus stellt im Rahmen der Astronomie sowie der Geologie und Paläontologie ein wissenschaftliches Paradigma dar, das von der überragenden Bedeutung von katastrophalen Ereignissen für die Geschichte unseres Sonnensystems, der Erde und der Entwicklung (Evolution) der Lebewesen, ausgeht. Er gilt als Gegenstück zum Aktualismus.

[38] Kataklysmus steht für „erdgeschichtliche Katastrophe"

[39] Nonkonformistische Modelle gehen sogar von mehreren Kilometern Niveau-Unterschied aus.

> ganz erstaunliche Konsequenzen für das Erscheinungs-Bild der Küstengebiete und Inselwelt unseres Bezugs-Raums. Werfen wir z.B. einen Blick auf Südostasien – wie es sich gegen Ende des vergangenen Erdzeitalters (Pleistozän) präsentierte [...,] – , dann wird schnell deutlich, dass sich seither selbst in einem aktualistischen Szenario topographische Veränderungen ereignet haben müssen, die bereits an der Grenze menschlichen Fassungsvermögens liegen. In der Tat ist dort offenbar eine kontinentgroße Landmasse untergegangen, nämlich die alte indonesische Tiefebene, die am Ende der jüngsten Eiszeit von den steigenden Meeresspiegeln überspült wurde."

Beier geht dabei zunächst auf Sundaland ein, das er als ein „südöstlich-asiatisches Lemuria" bezeichnet, nämlich das Seegebiet um Indonesien, das vor etwa 12.000 Jahren bestand. Vor dem postglazialen (nacheiszeitlichen) Anstieg der Meeresspiegel bestand dort eine Landmasse von kontinentaler Größe. Er zitiert dazu den Begründer und Verwalter des ISTA (Internet Sacred Text Archive;

http://www.sacred-texts.com/jbhobit.htm)

und s. J. B. Hare, Vorwort zur freien Online-Fassung von ‚The Sacred Symbols of Mu' von James Churchward (1933), bei SACRED TEXTS, unter der Seite

http://www.sacred-texts.com/atl/ssm/

mit den Worten:

> „Es gab eine große Landmasse im Pazifik, die während prähistorischer Zeiten überflutet wurde: Sundaland, das Kontinental-Schelf um Indonesien herum, das während der Eiszeit noch über Wasser lag. Auf dieser Route gelangten Menschen höchstwahrscheinlich nach Australien, da zu dieser Zeit nur ein paar Kilometer Wasser Sundaland von Australien

trennte. Auch wenn es als Resultat der steigenden Meeresspiegel am Ende der Eiszeit langsam überflutet wurde, weist die Region einige der gefährlichsten Vulkane der Erde auf (wie das berühmte Krakatau)."

Beier stellt fest, dass also auch Hare auf ein aktualistisches Erklärungs-Muster „abhebt", wobei er kataklysmische Ereignisse allerdings nicht grundsätzlich ausschließt: „Eine dokumentierte Eruption in dieser Region vor etwa 60.000 Jahren könnte die menschliche Rasse dezimiert haben, wobei sie einen ‚genetischen Flaschenhals' [orig.: „population bottleneck"; Anm. Beier] hervorrief, während dessen unsere Spezies bis auf ein paar hundert Individuen reduziert wurde; was sich aus Studien mitochondrischer *DNA* ergäbe. Einige hätten angenommen, dass Sundaland die Heimat einer frühen, untergegangenen Zivilisation [...] war." (J. B. Hare, Vorwort zur freien Online-Fassung von „The Sacred Symbols of Mu" von James Churchward (1933), bei SACRED TEXTS, unter

http://www.sacred-texts.com/atl/ssm/ ; zit. n. Beier)

Beier stellt weiter fest:

„Mit Sundaland [...] lernen wir also eine erste mögliche Kandidatin für ein ‚Pazifika' kennen, die aufgrund des rapiden Anstiegs der Meeres-Spiegel in mehreren größeren ‚Schüben' überflutet wurde. Damit entfällt für diese prähistorische Landmasse – immerhin mehr als dreimal so groß wie der heutige indische Subkontinent – jegliche Kontroverse über die geologische Möglichkeit oder Unmöglichkeit ihrer Existenz. Dass Sundaland darüber hinaus in direkter Nachbarschaft zum indischen Großraum lag, könnte zudem das Motiv des versunkenen Kontinents (‚Kumari Nadu') in altindischen bzw.

tamilischen Legenden erklären, das offenbar eine wesentliche Grundlage des modernen Lemuria-Mythos darstellt. [...]"

Der Forscher und Autor wendet sich nun dem Zentral-Pazifik zu, wo das Lemuria der meisten modernen Esoteriker gelegen haben soll. Wenn wir einen kurzen wissenschaftsgeschichtlichen Rückblick auf den geologischen und ozeanographischen Diskurs zum Pazifik würfen, würde schnell deutlich, dass das Thema ‚versunkene Landmassen im Pazifik' offenbar zu keiner Zeit vom Tisch war, sondern in Fachkreisen immer wieder neu diskutiert wurde.

Im zweiten Teil seines Artikels (Geologische und ozeanographische Grundlagen für die Pazifika-Hypothese? Teil II) auf

http://atlantisforschung.de/index.php?title=Versunkene_Landmassen_-_im_Zentral-Pazifik%3F

schreibt Beier:

„Wie wir bei William Hutton erfahren, legten in den 1930ern Echo-Lotungen des Pazifiks durch Capt. Claude Banks Mayo von der U.S. Navy [...; nahe], dass es dort ‚einen überfluteten Kontinent mit Bergen, Flussläufen und Plateaus in einer durchschnittlichen Tiefe von einer Meile [gibt], der sich von Hawaii [...] bis zu den Barin-Inseln [?, Anm. RMH], östlich der Küste von Japan hinzieht'.

1958 schrieb der amerikanische Ozeanograph W. H. Menard über die Möglichkeit eines versunkenen Kontinents im Pazifik: ‚Der südliche Teil der ost-pazifischen Erhebung ist 2.000 km breit und 2 km hoch, einer der größten ozeanischen Rücken der Welt ... Die Beobachtungen schließen nicht die Möglichkeit aus, dass breite Rücken möglicherweise temporäre

> Formationen darstellen, die angehoben werden und dann verschwinden.'" (Beier nach: EVIDENCE OF LEMURIA, OR MU, The Hutton Commentaries auf
>
> *http://www.huttoncommentaries.com/article.php?a_id=40).*

Beier kommt im Anschluss auf den Atlantisforscher Nikolaj Feodosjewitsch Zhirov zu sprechen, nach Meinung von Beier so wie auch von mir, einem der brillantesten Atlantologen der UdSSR, zu dessen Kern-Kompetenzen die Meeresgeologie gehörte. Dieser war im frühen 20. Jahrhundert „der Ansicht, dass der Pazifik einst eine Landmasse – Pacifis – gewesen sei, was unter Geologen recht weit verbreitet sei. Diese Ansicht sei den Untersuchungen der Fauna und Flora im Pazifik selbst sowie auf den ihn umgebenden Kontinenten entsprungen." (s. N. Zhirov: „Atlantis - Atlantology: Basic Problems", Hawaii, Honolulu 2001 [Reprint von 1970, Moskau S. 151])

Historisch-zoogeographische Erkenntnisse, die für die erdgeschichtlich rezente Existenz eines pazifischen Kontinents sprechen, seien sogar schon vergleichsweise früh gewonnen worden. Beier zitiert Zhirov mit den Worten:

> „Die Entdeckung von Galaxias, einem Süßwasser-Fisch, auf Neuseeland im Jahr 1764 stützt die Ansicht, dass es zu irgendeiner Zeit im Pazifischen Ozean, insbesondere seinem südlichen Teil, einen riesigen Kontinent gegeben hat. Dieser Fisch kommt in der südlichen Hemisphäre zwischen dem 30. und 60. Grad südlicher Breite auf Kontinenten und auch auf Inseln in Süßwasser vor. Salzwasser wirkt fatal auf ihn und daher muss eine Migration über See ausgeschlossen werden. Auch viele andere verwirrende Beispiele [...] für das Vorkommen bestimmter Fauna lassen sich nicht ohne die Theorie erklären, dass es dort, wo sich heute der Ozean befindet, einst

riesige Landstriche gab." (Beier nach: „N. Zhirov: „Atlantis - Atlantology: Basic Problems", Hawaii, Honolulu 2001 [Reprint von 1970, Moskau], S. 152)

Zudem lässt Beier zufolge eine historisch-zoogeographische Betrachtung pazifischer Meeres-Fauna möglicherweise auch Rückschlüsse darauf zu, wann und unter welchen Umständen diese Landstriche (bzw. Reste größerer Landmassen aus noch älterer Zeit) in den pazifischen Fluten versanken.

Er schreibt:

„G. W. Lindberg [siehe: G. W. Lindberg, ‚The Quaternary Period in the Light of Biogeographical Data', Moskau / Leningrad, 1955, S. 180] weist [...] auf das Rätsel der bipolaren Verbreitung von Meeres-Säugetieren hin. Während der glazialen Periode zog die nördliche, kälteliebende Fauna des Atlantiks südwärts, doch im Pazifik wandte sie sich aus irgendeinem Grund nach Norden, als flüchte sie vor einer thermalen Barriere.

Darüber hinaus gibt es ein rätselhaftes Auftreten tropischer Korallen-Fauna, die eine mittlere Wasser-Temperatur von 19° benötigt, nicht nur in der Nomi-Bucht bei Tokio, sondern nach Norden bis hin zur Penzha Bay in der See von Okhotzk."

Lindberg, der eine Verschiebung des Äquators – etwa durch eine abrupte Verlagerung der Erdachse (Polsprung) – ausgeschlossen habe, habe angenommen, „dass dieser Anstieg der Wassertemperatur durch den Ausstoß großer Mengen von Lava aus dem Ozean-Bett des Pazifiks verursacht wurde." (Beier n. N. Zhirov, op. cit., S. 149, beide Zitate)

Dabei berief er sich Beier zufolge u.a. auf den Geologen C. Johns, der schon 1934 eine katastrophistische Hypothese präsentiert hatte, „welcher zufolge des Abfalls der globalen Meeres-Spiegel, von dem er vermutet, er stehe im Zusammenhang mit der Existenz submariner Canyons [...], durch die Subsidenz[40] des Pazifik-Bodens und dann auch durch den Austritt riesiger Mengen von Lava verursacht wurde. Der sowjetische Wissenschaftler G. D. Khizanashvili[41] sei dagegen davon ausgegangen, ‚dass die nordwärts gerichtete Migration kälteliebender Fauna im Pazifik sowie die simultane Wanderung nach Süden im Atlantik während der initialen Phase des Pleistozäns auf Veränderungen des Meeresspiegels auf verschiedenen Breitengraden als Ergebnis einer Polverschiebung zurückzuführen sein könnten." (Beier nach: N. Zhirov, op. cit., S. 149)

Beier meint dazu:

> „Leider konnte sich in den USA und Westeuropa diese interdisziplinäre Betrachtung der Erdgeschichte nicht gegen den geologischen Fachzentrismus sowie gegen die Entwicklung und dogmatische Auslegung neuer Lehrmeinungen, wie der Kontinental-Drift-Lehre nach Wegener und der Theorie permanenter Ozeane ‚Ocean permanency theory' – ‚einmal ein Ozean, immer ein Ozean' – durchsetzen und die historisch-

---

[40] Subsidenz (deutsch Senkung) bezeichnet in der Geologie den Vorgang einer Absenkung.

[41] Siehe: G. D. Khizanashvili, „O pereseleniyakh v chetvertichnoye vremya razlichnykh vidov zhivotnykh v svete dinamiki zemnoi osi vrashcheniya" („Migration of Different Species of Animals in the Quaternary Period in the Light of the Dynamics of Earth´s Axis of Rotation"), in: Okeanologiya, Nr. 2, S. 735-740, UdSSR, 1962

zoogeographischen ‚Daten, welche diese Untersuchungen erbrachten, wurden', wie Zhirov bedauernd bemerkt, ‚unglückseliger Weise vergessen oder ignoriert, indem sie durch Auffassungen überlagert wurden, die auf die eine oder andere Weise im Zusammenhang mit der Theorie [permanenter Ozeane; d. Ü., = Beier] in Verbindung standen.' (Ebd., S. 151)

Obwohl diese Theorien und ihre Dominanz der Meeresgeologie eine ähnlich verhängnisvolle Rolle für die wissenschaftliche Erforschung ‚versunkener Uralt-Kulturen' zu spielen begannen, so meint Beier weiter, war der Diskurs um „Pazifika" weitaus langlebiger als die ideologisch aufgeladene Diskussion um Atlantis. Auch nach der sogenannten Hochzeit der Pazifika-Theorie zwischen den 1940er und 1960er Jahren – damals hätten neben Menard auch H. Hallier[42], J. W. Gregory und H. I. Jensen[43] zu den glühendsten Verfechtern der Annahme größerer, während rezenten, also gegenwärtigen oder kürzlich vergangenen, Zustände oder Vorgängen, Perioden versunkener Landmassen im Pazifik gehört – hätten sich ihr im Angesicht der Eindeutigkeiten immer wieder Wissenschaftler angeschlossen.

Interessant ist, dass die angesprochene Theorie der Permanenz des Ozeans auch von Muck vertreten wird. Der hier vorgebrachte Text deutet aber an, dass es tatsächlich weitaus mehr

[42] Siehe: H. Hallier, „Über frühere Landbrücken, Pflanzen und Völkerwanderungen zwischen Australasien und Amerika", Leiden, 1912

[43] Siehe: J. W. Gregory, „The Geological History of the Pacific Ocean", in: Nature, Vol. 125, No. 3159, 1930, S. 750-751

als die zwei Muck zufolge stattgefundenen Katastrophen gegeben haben könnte und diese beiden somit gar keine Ausnahmen waren, sodass der Katastrophismus gegenüber dem Aktualismus doch die zutreffendere Theorie sein könnte. Selbst den meisten Atlantis-Kennern ist nicht bewusst, dass Muck mehr im wissenschaftlichen Mainstream verhaftet war, als viele denken.

Nun kommen wir aber wieder auf Beiers Recherchen zu sprechen, denen zufolge der Geophysiker Amos Nur von der Stanford University 1977 festgestellt habe, dass ein Kontinent ‚Pazifika' höchst wahrscheinlich sei, da Krusten-Gebiete unter Kontinental-Massen entstünden, außer im Pazifik, und dass „jüngst überflutete Plateaus im Ozean bei Australien, darunter das Manihiki-Plateau und das Gebiet von Ong-Java, Überreste dieser früheren Landmasse sind".

Andere Forschungs-Reisende hätten Guyots, also Untersee-Berge, einer davon 11.000 Fuß hoch, unter den Wellen des Pazifiks entdeckt. Da Guyots nur durch Brandungs-Aktivität geformt werden könnten, würde dies „zuverlässig ein solches Absinken von Land, und zwar ein tiefes Absinken", belegen. Und Korallen-Ringe seien in der Südsee in 1.800 Fuß Tiefe entdeckt worden. Korallen aber können nicht in größeren Wasser-Tiefen als 150 Fuß leben, wie Beier anhand von Huttons Artikel „EVIDENCE OF LEMURIA, OR MU", The Hutton Commentaries, online unter

http://www.huttoncommentaries.com/article.php?a_id=40 "

schreibt.

Auch Zhirov erwähnte Beier zufolge 1970 die „Guyots" als wesentliches Spezifikum, das auf das rezente Vorhandensein größerer Landgebiete im Pazifik hindeutet:

„Bei den Guyots, flachkuppigen unterseeischen Bergen, die von H. H. Hess entdeckt wurden, handelt es sich um ein interessantes Merkmal des Pazifik und sie stehen in Zusammenhang mit den späten Bewegungen seines Meeresbodens. Obwohl man sie später auch in anderen Ozeanen entdeckt hat, kommen sie in solch großer Zahl nur im Pazifik vor. In diesem Zusammenhang schreibt V. V. Belousov[44]: ‚Obgleich die Guyots ihre flachen Kuppen wahrscheinlich Erosion verdanken, sind sie ein Hinweis darauf, dass der Grund sich gesenkt hat und der Ozean tiefer geworden ist. Im Zentral-Pazifik finden sich Guyots in einer Tiefe von etwa 1.500 Metern, was in etwa der Dicke der Korallen-Strukturen entspricht. Die noch tiefer liegenden Guyots sollte man als älter und früher versunken klassifizieren.'" (Beier nach: Zhirov, op. cit., S. 147)

Immer wieder stießen Beier zufolge Forscher auf Spuren, die auf ein Absinken größerer Landflächen im Zentral-Pazifik hinweisen, das unter weniger „beschaulichen" Umständen vor sich ging als das relativ langsame Verschwinden Sundalands. Dazu heißt es bei Hutton weiter:

„Und dann gab es die aufregende Entdeckung einer gewaltigen Schicht ‚sauberer weißer Asche' am Grund des Pazifik, ein paar hundert Meilen von Mittel- und Südamerika entfernt, die

[44] Siehe: V.V. Belousov, „O geologicheskom stroyenii i razivitii okeanitcheskikh vpadin" („The Geological Structure and Development of Ocean Hollows"), in: News of the USSR Academy of Sciences, Geology Series, Nos. 1955, No. 3, 3-18

sich 750 Meilen westlich bis 825 Meilen südlich des Äquators erstreckte (N.Y. Times, 4/12/59). E. Anders und D.N. Limber meinen (,Origin of the Worzel Deepsea Ash' in Nature, Vol. 184), die Asche sei terrestrischen, vulkanischen Ursprungs und dass sie ,ein bemerkenswertes Ereignis in der Erdgeschichte' anzeigen müsse. Diese Aschen-Schicht könnte irgendwie mit dem Untergang von Lemuria in Verbindung stehen." (Beier nach Hutton, gleiche Internet-Quelle)

Ich stelle fest, dass dieser Fund auch mit der von mir aufgestellten These, dass Mucks „Basaltgebilde", das ja vulkanischen Ursprungs war, vielleicht sogar noch besser erklärt werden könnte. Beier jedenfalls stellt einige Fragen in den Raum:

„Könnte es tatsächlich sein, dass im zentral-pazifischen Raum im Gefolge gewaltiger, vulkanischer Eruptionen vor vergleichsweise wenigen Jahrtausenden gewaltige Landmassen untergegangen sind? Bevor wir dieser Frage nachgehen, sollten wir noch einmal zwei wesentliche Punkte herausstellen: Halten wir erstens noch einmal fest, dass von „Kleinkontinenten" oder „Großinseln" die Rede ist, wenn wir über pazifische Landmassen nachdenken, die während rezenter Perioden „abgesackt" sein könnten, nicht von einem überdimensionalen Riesenkontinent, der nahezu das gesamte pazifische Becken ausfüllt.

Zweitens kann vulkanische Aktivität für sich genommen – und das gehört zu den wenigen Punkten, die im erdgeschichtlichen Diskurs zum Thema ,Versunkene Kontinente' zwischen den

Vertretern uniformitaristischer[45] Konzepte und denjenigen aus dem oppositionellen Lager der Katastrophisten einvernehmlich als „gesichert" betrachtet werden – unmöglich das schnelle Absinken einer ‚kontinentalen' Landmasse bewirkt haben. Wenn überhaupt, so müssen massive außerirdische Einflüsse (z.B. Einschläge großer Impaktoren) als Auslöser für solche Szenarien in Betracht gezogen werden, wobei der einsetzende Vulkanismus eine Sekundärerscheinung darstellt."

Hier stellt sich aber die Frage: *War* Lemuria überhaupt eine kontinentale Landmasse oder handelte es sich viel eher, wie ich oben vorgebracht habe, um eine Landmasse, die nur aus ozeanischer Kruste bestand? Dann nämlich wäre der Vulkanismus *keine* Sekundärerscheinung, sondern ein Dauerzustand.

Wir wollen nun aber wieder auf Beiers weitere Suche, die ihn zu der Frage führt, ob Lemuria ein Kleinkontinent auf der Süpazifischen Superschwelle war, eingehen.

In seinem Artikel „Pazifika – Ein Kleinkontinent auf der ‚Südpazifischen Superschwelle' – Geologische und ozeanographische Grundlagen für die Pazifika-Hypothese?, Teil III" auf der Seite

---

[45] Uniformitarismus ist die Annahme, dass die gleichen Naturgesetze und Prozesse, die im Universum operieren, jetzt immer im Universum in der Vergangenheit operiert und überall im Universum angewendet werden. Uniformitarismus, geprägt von William Whewell, wurde ursprünglich im Gegensatz zu Katastrophen von britischen Naturforschern im späten 18. Jahrhundert vorgeschlagen, beginnend mit der Arbeit des schottischen Geologen James Hutton, der von John Playfair verfeinert und mittels Charles Lyells Grundsätzen der Geologie 1830 populär wurde.

https://atlantisforschung.de/index.php?title=Pazifika_-_Ein_Kleinkontinent_auf_der_%27Südpazifischen_Superschwelle%27

schreibt er einleitend:

> „Ein aktuelles Modell, bei dem ein Impaktor als ‚Geburts-Helfer' einer temporären pazifischen Landmasse mit einem Jahrmillionen späteren ‚Verfallsdatum' fungiert, skizziert William Hutton auf seinen Webseiten.[46] Eine wesentliche Rolle spielt dabei die Kritik der sogenannten ‚Hot Spot'-Theorie, über die es [auf der Seite
>
> *http://www.zeno.org/Glossar/M/Das+Wikipedia+Lexikon/Hornby,+Nick+-+Hunsr%C3%BCck*]
>
> heißt:
>
> ‚Die Theorie des Hot-Spot Vulkanismus wurde 1963 vom Geologen Tuzo Wilson formuliert.' Sie besagt, dass sich an vielen Stellen zwischen der Lithosphäre[47] und der Asthenosphäre[48]

---

[46] Quelle wie benannt. Hutton verweist hierzu auf „Reviews of Geophysics", v. 36, no. 2, pp. 211-244. Er merkt an: „Dr. McNutt, eine bekannte Geophysikerin, ist derzeit (4/01/02) Präsidentin der American Geophysical Union (AGU), einer wissenschaftlichen Gesellschaft mit weltweit [mehr als] 15 000 Mitgliedern."

[47] Die Lithosphäre ist die äußerste Schicht im rheologischen (Die Rheologie ist die Wissenschaft, die sich mit dem Verformungs- und Fließverhalten von Materie beschäftigt) Modell vom Aufbau des Erdkörpers. Sie umfasst die Erdkruste und den äußersten Teil des Erdmantels, den lithosphärischen Mantel. Die Lithosphäre kann insgesamt als starr bezeichnet werden. Sie ist aus einzelnen Platten zusammengesetzt, die als Lithosphärenplatten, tektonische Platten oder Kontinentalplatten bezeichnet werden.

[48] Die Asthenosphäre ist die zweitäußerste Schicht des rheologischen Modells des Erdinneren und schließt sich unterhalb der Lithosphäre an. Sie beginnt, je nach

der Erde im Laufe von Jahrmillionen Magmakammern angesammelt haben, deren Inhalt durch Brüche und Erdspalten in Form von Vulkanen an der Erdoberfläche austritt. Daher die Bezeichnung ‚Hot-Spot' (deutsch ‚Heißer Fleck')."

Beier zitiert aus einer veralteten Version der Seite

*https://de.wikipedia.org/wiki/Hotspot_* (Geologie):_

„Da sich die Lithosphäre ständig über die Asthenosphäre hinwegbewegt, während sich der Hot-Spot nicht vom Fleck rührt, verursacht dieser ganze Vulkanketten, wie z.B. die Hawaii-Inseln. Hot-Spots befinden sich an Orten, die von der Plattenbewegung unabhängig sind, sodass man heutzutage davon ausgeht, dass es sich bei jedem Binnenvulkan um einen Hot-Spot-Vulkan handeln muss. Hot-Spots werden durch sogenannte ‚Plumes'[49] immer mit neuem Magma ‚versorgt'. Dies sind Magmaströme, die ihren Ursprung am äußeren Erdkern und einen Durchmesser von etwa 150 km haben. Weltweit wird die Zahl der Hot-Spots auf etwa 120 geschätzt, man

---

Mächtigkeit der Lithosphäre, in einer Tiefe von 60 bis 210 km und reicht hinunter bis in eine Tiefe von 300 bis 410 km. Ihr mechanisches Verhalten kann vereinfachend als duktil (plastisch verformbar) beschrieben werden. Auf der Asthenosphäre bewegen sich die vergleichsweise starren und weniger dichten Lithosphärenplatten.

[49] Mantel-Plume (kurz auch Plume, aus dem Englischen/Französischen für „buschige Feder" oder „Rauchfahne") ist eine geowissenschaftliche Fachbezeichnung für einen Aufstrom heißen Gesteinsmaterials aus dem tieferen Erdmantel. Mantelplumes weisen in der Tiefe eine schlanke, schlauchartige Form auf und verbreitern sich bei Erreichen der starren Lithosphäre helmbuschartig oder pilzförmig.

nimmt bei jedem von ihnen an, dass sich ein Mantel-Plume darunter befindet ..."

In der aktuellen Version dieser Seite heißt es an gleicher Stelle:

„Da die Lithosphärenplatten stetig über den weitgehend ortskonstanten Hotspot hinweg gleiten, während sich das heiße Mantelmaterial durch die Platte hindurch „schweißt", entstehen nach und nach mehrere Vulkangebäude, die jeweils so lange mit Schmelze versorgt werden, wie sie oberhalb der Mantelanomalie liegen. Auf diese Weise bilden sich Vulkanketten wie die Hawaii-Inseln. Zu beachten ist dabei, dass die Krustendicke der Ozeanbecken im Schnitt nur 6 km beträgt, während sie unter Kontinenten im Mittel ungefähr 30 km mächtig ist. Die kontinentale Kruste ist daher schwerer zu durchdringen, weshalb intensiver Hotspot-Vulkanismus vor allem in ozeanischen Gebieten auftritt."

Beier schreibt weiter:

„Hutton verweist nun zunächst auf eine Arbeit der Geophysikerin Marcia McNutt, die im Mai 1998 unter dem schlichten Titel ‚Superswells' veröffentlicht wurde, und stellt einleitend fest: ‚Wir haben von Hotspots gehört, die schmale, isolierte [Magma-] Aufwallungen aus der Tiefe der Erde erfordern, wie der Hotspot, der von einem Plume produziert wird, den einige Geologen für die Ursache der hawaiianischen Insel-Kette halten. Solch ein Hotspot wird von einem [höher als die Umgebung] liegenden Gebiet des Meeresbodens von weniger als 1.000 km Durchmesser umgeben, das ›Schwelle‹ genannt wird.' McNutt ‚glaubt zudem, eine ›Superschwelle‹ spiegele Auftriebs-Zonen im Erdmantel wider [orig.: ‚mantle upwelling'; Anm. Beier]. Diese geologische Struktur ‚drückt sich durch extensive, anomale Flachwasser-Gebiete des Meeresbodens aus, deren Größe bei mehreren tausend Kilometern im Durchmesser liegt. Dies ist beispielsweise so lang wie der Insel-Kontinent Australien.'" (Beier nach Hutton)

Bei der „Hawaiianischen Superschwelle" handelt es sich Beier zufolge um ein ausgedehntes Gebiet mit „angehobenem Meeresboden in Französisch-Polynesien, das zahlreiche Vulkane enthält. Innerhalb der Grenzen dieser Superschwelle „liegen die Ketten der Gesellschafts-, Cook-, Austral-, Tuamotu-Insel(n) sowie den Marquesas und der Osterinsel. Diese Inseln spiegeln aufgrund der enormen Quantitäten von Mantel-Gestein unter dem Meeresboden eine erhöhte Rate von Vulkanismus im Gebiet der Super-Schwelle wider." (Zitate im Text nach gleicher Quelle)

Beier zitiert weiter nach der gleichen Quelle:

„Die Entstehung einer solchen enormen Wölbung, die den pazifischen Meeresboden einst bis über den Meeresspiegel gehoben haben könnte, lässt sich nach Prof. MacKenzie Keith im Zusammenhang mit der Platten-Tektonik verstehen: ‚Das Absinken und Recycling [von Kruste und Mantel; W. H.] in den bekannten Subduktions-Zonen Indonesiens und des pazifischen Randes kann ebenso dem Vulkanismus zugeschrieben werden wie das Aufsteigen und die Dekompressions-Schmelze [orig.: „decompression melting"; d.Ü. (Beier)] an den mittelozeanischen Kämmen und ‚Hotspots'. Einige der pazifischen Insel-Ketten, für welche die Hawaiianische Kette das beste Beispiel ist, werden konventionell der Aufheizung einer lithosphärischen Platte bei ihrer Bewegung über einem, aus großer Tiefe gespeisten, Hotspot zugeschrieben.

> Das Modell eines Hotspots und der sich bewegenden Platte [zur Erklärung des] Inselketten-Vulkanismus sieht sich jedoch mit mehreren Problemen konfrontiert, darunter das Auftreten von, entlang der Kette vorkommenden, Unterschieden der Zusammensetzung des Gesteins [orig.: „compositional changes"; d. Ü.], üblicherweise die Abwesenheit von „plume scale"- Hitzefluss-Anomalien und das Fehlen einer systematischen Sequenz geologischer Zeitalter, zum Beispiel entlang der Cook-Austral-Kette."

Keith hält Beier zufolge das konventionelle „Magmaschwaden-" [„Plume"-] Modell aufgrund seiner Unvereinbarkeit mit den einander ergänzenden geophysikalischen und geochemischen Evidenzen für unbrauchbar und schlägt zur Erklärung der ozeanischen Inselketten als Arbeits-Hypothese vor, „dass die Hawaii-Emperor-Kette entlang [...] einer linearen, kalten Rest [-Formation] liegt, die sich unterhalb des ursprünglichen mittel-pazifischen Rückens entwickelt" hat und dass ein „Teil der Rückstände [davon] zurückgelassen wurde, als der Rücken während einer mesozoischen Sprengung des pazifischen Mantels wechselhaft verrückt wurde."

Beier fragt sich nun:

> „Was für eine Störung könnte derart massiv gewesen sein, um den ursprünglichen mittel-pazifischen Rücken quasi zerreißen zu können? Naheliegend erscheint hier, wie gesagt, ein großer Impakt zu sein, eine Annahme, von der auch Keith ausgehe.
>
> Die Spitze der fortdauernden, restlichen Magma-Schwaden stimme mit der weitläufigen südpazifischen Superschwelle überein und sei zudem offenbar auch deckungsgleich mit einem zweiten, geographisch eingrenzbaren Phänomen, der „South Pacific Isotopic and Therma Anomaly" (SOPITA), deren Zentrum in etwa auf Tahiti (T) liegt. SOPITA „ist nicht nur über

vergleichsweise hohe Temperaturen des Erdmantels definiert, sondern auch durch differierende Zonen der Konzentration von Blei-, Uran-, Strontium- und Neodymium-Isotopen. Diese differierenden Bereiche legen nahe, dass die Superschwelle über einer stabilen, dauerhaften Auftriebs-Zone aus dem tieferen Erdmantel liegen könnte. Eine solche Auftriebs-Zone könnte mindestens seit der Kreidezeit als Barriere gedient haben, die zwei große Bereiche des Mantels mit unterschiedlichen Konvektiv-Geschichten trennt. Man geht davon aus, dass sich aus den SOPITA-Daten Interaktionen zwischen den tieferen und höheren Schichten des Mantels ergeben." (Beier nach Hutton)

Wie Hutton anfüge, schlägt Keith vor, „dass das Endstadium des Mantel- / Krusten-Abwärts-Flusses gegenwärtig auf eine langgezogene mittelpazifische Zone fokussiert ist, die sich von Hawaii bis zu den Marquesas erstreckt. Keith identifiziere dies als übrig gebliebene Spur einer kalten, dezimierten Masse, die sich unterhalb des alten mittel-pazifischen Rückens entwickelt hat". Hutton erklärt zusammenfassend:

„Es reicht die Feststellung, dass Keith eine These für das Versinken ozeanischer Inseln innerhalb einer umgebenden Zone mit normalem bis niedrigem Hitze-Fluss und hohen seismischen Wellen-Geschwindigkeiten aufstellt, die Abwärtsbewegungen im Erdmantel unterhalb der Inseln indizieren.

Was bedeutet dies für die Hypothese der Existenz von Lemuria oder Mu? In viel größerem Maßstab – dem der SPS oder sogar noch größer – können wir postulieren, dass während der Kreidezeit im pazifischen Becken eine Landmasse von kontinentaler Größe oberhalb des Meeres-Spiegels lag. Entstanden war sie infolge eines Impakt-Ereignisses [...]. Der Impakt war ausreichend groß, um enorme Schwaden von Material aus dem tieferen Erdmantel hervorzurufen, das in etwa unterhalb

> von Tahiti nach oben gedrückt wurde. Dann, beginnend in der Nach-Kreidezeit (vor etwa 60 Millionen Jahren), versank dieser Kontinent mit der Abkühlung und Kontraktion der Kruste und des äußeren Mantels, nach und nach während der folgenden Äonen." (Beier nach Hutton)

Hier möchte ich anmerken, dass diese These gewisse Ähnlichkeiten mit der von Muck postulierten „flachen Beule von Kontinentalgröße" aufweist. Doch lesen wir weiter, was Beier zusammenfassend sagt:

> „Daraus ergibt sich ein durchaus interessantes und stringent wirkendes Modell, welches das Entstehen und die Existenz eines langsam – vermutlich in katastrophalen ‚Schüben' – wieder versinkenden Pazifika-Kontinents wahrscheinlich erscheinen lässt – es hat aus atlantologischer Sicht nur einen einzigen, aber entscheidenden Schönheitsfehler: Ähnlich wie bei dem alten ‚Lemuria'-Modell des 19. Jahrhunderts haben wir es hier mit einem versunkenen Kontinent zu tun, der zur Zeit des späten Paläolithikums [d. h. der Altsteinzeit, die vor 2,5 Millionen Jahren begann und vor etwa 12.000 Jahren endete; Anm. RMH] bereits im Wesentlichen auf das Format zusammengeschrumpft gewesen sein muss, das wir heute als pazifische Inselwelt kennen."

Bleibt anzufügen, dass ich diesen „Schönheitsfehler" hier nicht erkennen kann. Beier aber fragt sich deswegen im nächsten Teil seines Artikels „Plädoyers für rezente Umwälzungen - Geologische und ozeanographische Grundlagen für die Pazifika-Hypothese?, Teil IV" auf

http://atlantisforschung.de/index.php?title=Pl%C3%A4doyers_f%C3%BCr_rezente_Umw%C3%A4lzungen :

„Oder sollten sich die jüngsten der vermuteten schubweisen Absenkungen von Teilen des Pazifikbodens erst vor vergleichsweise kurzer Zeit ereignet haben? Erinnern wir uns nur an die mysteriösen ‚Guyots', jene erodierten Seeberge mit den flachen, auf Meeresniveau erodierten Kuppen, die sich heute z.T. in der Tiefsee befinden. Der sowjetische Geologe M. A. Menzbir hatte jedenfalls schon 1923 geschrieben: ‚Objektive wissenschaftliche Daten verraten uns, dass der Pazifische Ozean nicht so alt ist, wie man denken mag. Sein tropischer Bereich nahm seine [heutige] Form nachweislich nicht früher als während des Miozäns an. Doch auch später, viel später sogar, als der Mensch nicht nur bereits erschienen war, sondern nachdem er bereits ein gewisses kulturelles Niveau erreicht hatte, wuchsen noch zahlreiche Inseln, große und kleine, von seinem Grund empor.'" (Siehe: M. A. Menzbir, „Taina Verligoko okeana" („Riddle of the Pacific Ocean"), Moskau, 1923)

Auch ein Kollege und Landsmann, D. G. Panov, habe sich 1961 im gleichen Sinne sowohl über den pazifischen als auch über den atlantischen Großraum geäußert, wie Beier schreibt:

„Mit Pausen und Unterbrechungen setzte sich dort die Zerstörung und das Versinken von Überresten von Landmassen während der gesamten quartären Periode fort, wo heute unterseeische Berg-Ketten und Erhebungen sind. Atlantis sank unter die Wellen dieses Ozeans, Lemuria verschwand im Indischen Ozean, und das Landgebiet von Polynesien und Melanesien sank tief in den Pazifischen Ozean hinab." (Siehe: D. G. Panov,"Proiskhozhdenye materikov i okeanov" („Origin of Continents and Oceans") Moskau, 1961, S. 174)

An dieser Stelle fällt auf, dass Panov Lemuria hier nicht im Pazifik, sondern im Indik sieht.

Beier beruft sich jetzt auf Zhirov, der 1970 bei einer Diskussion des Lemuria-Problems das erdgeschichtlich geringe Alter der gegenwärtigen pazifischen Topographie betont, indem er sagt: „Die Randmeere des Pazifiks bildeten sich erst in geologisch sehr rezenter Vergangenheit." (Beier nach Zhirov: Atlantology: Basic Problems, S. 147)

Darüber hinaus habe Zhirov auch sehr späte Landabsenkungen im zentral-pazifischen Raum für wahrscheinlich gehalten und in diesem Zusammenhang sein Augenmerk auf geologische Anomalien im Gebiet des hawaiianischen Rückens gerichtet.

Dazu schrieb er:

> „Doch im Zentral-Pazifik gibt es eine Region, die sich essentiell von dem sie umgebenden Gebiet unterscheidet. Dies ist der submarine hawaiianische Rücken, der nach Norden hin bis zu den Komandorsiye-Inseln verläuft. Er ist ein kolossales Gebirgssystem, eine breit gewölbte Erhebung (im Querschnitt bis zu 1.100 km), der bis zu einer Höhe von fast 1.000 Metern aufragt, und an der entlang Bergketten verlaufen. Die Gipfel dieser Berge durchbrechen in Form der Inseln von Hawaii die Meeresoberfläche. Die Hawaii-Inseln sind der einzige Ort im Zentral-Pazifik, wo es aktive Vulkane gibt [...].

R. S. Dietz und H. W. Menard haben über die Entdeckung unterseeischer Terrassen an der Basis der Inseln berichtet[50] und erwogen, dass diese einst ein Schelf gewesen seien. Die Terrassen wurden in einer Tiefe von 250 bis 270 Metern entdeckt; die versunkene Küstenlinie liegt 550 Meter unterhalb des gegenwärtigen Meeresspiegels. An einigen Stellen wurden Evidenzen für das versunkene Schelf sogar in bis zu 700 Metern gefunden. Auf der Basis von Vergleichen insularer und kontinentaler Lava vermutet R. Furon, dass die Hawaii-Inseln einst Teil eines Pazifik-Kontinents waren[51]. Wir meinen, dass der unterseeische Hawaii-Rücken in nicht allzu ferner Vergangenheit noch ein Landgebiet war – Hawaiis; womöglich wurde der Mensch noch Zeuge des Untergangs seiner Überreste.“ (Beier nach N. Zhirov, op. cit., S. 153)

Umfang und Ursachen der anzunehmenden rezenten sowie radikalen Veränderungen pazifischer Topographie sind Beier zufolge nach wie vor unklar und aus Sicht der meisten Berufs-Wissenschaftler, die heute mehrheitlich anderslautenden Lehrmeinungen folgen, ein unerwünschtes Diskussions-Thema:

„Es sollte jedoch noch einmal hervorgehoben werden, dass auch bei einer aktualistischen Sichtweise, die lediglich Überschwemmungen tiefliegender Gebiete durch die mit dem

[50] Siehe: R. S. Dietz und H. W. Menard, „Hawaiian Swell, Deep and Arch. The Subsidence of the Hawaiian Islands“, in: Bulletin of the Geological Society of America, Nr. 62, 1951, S. 1431

[51] Siehe: D. G. Panov, „Proiskhozhdenye materikov i okeanov“ ("Origin of Continents and Oceans") Moskau, 1961, S. 54 u. 101

Ende der jüngsten Eiszeit ansteigenden Ozeane und noch langsamere Absenkungen von Land über Äonen hinweg akzeptiert, zugestanden werden muss: In den jüngsten 12.000 Jahren sind nicht nur im Indischen Ozean, sondern auch in den Weiten des Pazifik enorme Landstrecken versunken.

Darüber hinaus scheinen auch noch in der ‚geologischen Gegenwart' (zu historischen Zeiten) im Pazifik regionale Phänomene zu existieren, die das plötzliche Verschwinden von Inseln oder Inselgruppen bewirken können. Ähnlich wie im Mittel-Atlantik verschwanden auch im Pazifischen Ozean selbst noch in jüngster Zeit einzelne kleinere Landgebiete bzw. Inseln, wie etwa die mysteriösen ‚Davis-Inseln', über die es bei N. Zhirov heißt:

‚Letztere Inseln wurden gegen Ende des 17. Jahrhunderts im Gebiet der Osterinsel entdeckt (27° S – 105° W), doch der folgenden Expedition gelang es nicht, sie wiederzufinden.' (Zitat im Zitat: Beier nach Zhirov, so. cit." S. 147)

In seinem Artikel ‚Seeland, Melanesis und Tasmanis – Mikrokontinente des Südwest-Pazifik – Geologische und ozeanographische Grundlagen für die Pazifika-Hypothese?, Teil V' auf

http://atlantisforschung.de/index.php?title=Seeland,_Melanesis_und_Tasmanis_-_Mikrokontinente_des_S%C3%BCdwest-Pazifik

betrachtet Beier den Südwesten des Pazifiks, wo wir ihm zufolge ebenfalls auf Spuren versunkener Landgebiete stoßen. Dabei wendet er sich zunächst einem „alles andere als kleinen

‚Beweis-Stückchen' zu: Wir stoßen unversehens auf einen veritablen[52] „Mikrokontinent", der von Fachwissenschaftlern „Zealandia",
oder schlicht ‚Seeland' genannt worden sei. Einen Eindruck von der Größe dieser früheren Mega-Insel vermittelt die bathymetrische Karte[53] des Südwestpazifik [...], die wir bei geomar.de entdeckt haben. (s.

https://www.geomar.de/div/projects/zealandia/deutsch/maps.html)

Der – auf der Karte rot umrandete – Kleinkontinent ‚umfasst', wie es dort heißt, neben der Nord- und der Südinsel Neuseelands einen großen kontinentalen Schelf, der etwa 80 % bis 90 % des gesamten Mikrokontinents (ca. 2 Mio. km^2) ausmacht und zu dem drei Hauptarbeitsgebiete des Forschungsprojektes ZEALANDIA, das Campbell Plateau, der Chatham Rise und der diese beiden Gebiete trennende Bounty Trough gehören. Dieser Bereich besteht im Wesentlichen aus dicker kontinentaler Kruste.

Jedoch gibt es dort auch überall relativ junge Vulkane, die während des Känozoikums (65 Mill. Jahre bis heute) entstanden und deren Ursprung bisher völlig ungeklärt ist. Ein anderes sehr wichtiges Arbeitsgebiet von ZEALANDIA ist das

[52] = wahrhaftigen

[53] Eine bathymetrische Karte ist ein topographisches Anschauungsbild des Meeresbodens mit Tiefenzahlen, Tiefenlinien und eventuell farbigen Tiefenschichten. Die Tiefenangaben sind auf Seekartennull (wo erforderlich) bezogen und aus Schallgeschwindigkeitsmessungen angeordnet.

350.000 km^2 große Hikurangi Plateau (dunkelblau hervorgehoben), das wie das weiter im Norden gelegene Manihiki Plateau vulkanischen Ursprungs ist und als ‚Large Igeneous Province' (LIP) angesehen wird."

Möglicherweise gingen die heute versunkenen Landgebiete der primhistorischen Welt im Südwesten des ‚Stillen Ozeans' sogar noch weit über den Zealandia-Komplex hinaus, sagt Beier und verweist auf N. Zhirov, der 1970 schrieb:

„Es gibt eine Fülle von Fakten, die für die Annahme sprechen, dass im südwestlichen Pazifik einst eine gewaltige Landmasse existierte. [...] In einer vor einigen Jahren [1961; Anm. Beier] veröffentlichten Arbeit hob der australische Geologe R. W. Fairbridge [54] hervor, dass der südwestliche Pazifik in zwei große kontinentale Provinzen – Tasmanis und Melanesis – aufgegliedert gewesen sein könnte. In der melanesischen Provinz sind keine paläozoisch-paläogenen Meeres- oder Kontinental-Sedimente bekannt. Die Erhebung in dieser Provinz stellt wahrscheinlich eine neue Kruste dar, die durch tertiäre und quartäre Eruptionen gebildet wurde.

Eine Andesit-Linie verläuft entlang der östlichen Grenzlinie der Provinz. Die westliche Kante des Tonga Trough, den die Andesit-Linie passiert, betrachtet Fairbridge als Kante des versunkenen Kontinents [...]. Lange vor dem mittleren Tertiär

---

[54] Siehe: R. W. Fairbridge, "The Melanesian Border Plateau : A Zone of Crustal Shearing in the Southwest Pacific", Publicat. Bureau Centr. Seism Internat, A, No 22, 1961, S. 137-149.

war Melanesis ein integraler Kontinent, doch Teile davon gingen erst infolge einer sehr rezenten, jungen Subsidenz unter. Was Tasmanis angeht, hat die Möglichkeit seiner vormaligen Existenz mit dem Rätsel um die Herkunft der Aborigines Tasmaniens zu tun, welche die Insel nur über Land erreicht haben können.[55] Demzufolge muss es schon intelligente Menschen gegeben haben, als noch eine Landverbindung zwischen Tasmanien und Australien existierte." (Beier nach N. Zhirov, op. cit., S. 152)

Zur Verbreitung kontinentalen (sialen) Gesteins im südwestlichen Pazifikraum bemerkte 1955 der Geologe J. Gilluly, wie Beier feststellt:

> „Doch die klaren geologischen Evidenzen aus dem südwestlichen Pazifik sprechen dafür, dass die sialen Platten von Fidschi, Neu-Kaledonien und einer Vielzahl anderer Inseln im Gebiet zwischen Fidschi, Australien und Neuseeland – auch wenn ein Großteil dieses Areals heute in den Tiefen des Ozeans liegt – vormals größer waren und es erforderlich zu

---

[55] Beier merkt dazu im Namen des Redaktionsteams von „Atlantisforschung.de" an: „Im Gegensatz zu Zhirov setzen wir voraus, dass der frühe Homo sapiens bereits über die Fähigkeit verfügte, mit Booten oder Flößen das offene Meer zu befahren und dass dies auch schon für den Homo erectus galt. Vgl. dazu: Der Homo erectus fuhr zur See; sowie: Homo erectus – ein Seefahrer – Wie die Evolutionstheorie zur Missachtung von Daten führen kann von Michael Brand." (*http://www.atlantisforschung.de/index.php?title=Homo_erectus_-_ein_Seefahrer*)

machen scheinen, dass auch im Tiefsee-Boden zumindest etwas Sial vorhanden sein muss. Es stimmt, dass ein Großteil dieses Gebiets mindestens vier Kilometer unter Wasser liegt, doch das Problem seiner Absenkung lässt sich mit demjenigen vergleichen, das mit der Anhebung des tibetischen Plateaus zu tun hat." (J. Gilluly, „Geologic Contacts between Continents and Ocean Basins", in Crust of the Earth, Baltimore, 1955, S. 7-18, nach Zhirov, op. cit., S. 152)

Beiers Resümee fällt folgendermaßen aus:

„Wir können nur darüber spekulieren, ob und bis wann die zu vermutenden südpazifischen Landmassen in kompakter Form existiert haben. Unklar erscheint bisher auch, wann bzw. unter welchen Umständen die letzten größeren Umwälzungen stattfanden, die aus katastrophistischer Sicht die Topographie massiv verändert haben können. Eindeutig erscheint jedoch, dass – ebenso wie im Falle des südostasiatischen Sundalands (auch bei einer konventionellen, aktualistischen Betrachtung der jüngeren Erdgeschichte) – große Teile von ‚Seeland', ‚Hawaii', ‚Melanesis' und ‚Tasmanis' vor dem Ende der jüngsten Eiszeit noch über Wasser lagen.

Mit einiger Sicherheit können wir damit nun bestätigen, dass es tatsächlich eine geologische Diskussions-Basis des Lemuria-Problems gibt: Überall in den Weiten der Indischen und Pazifischen Ozeane stoßen wir auf geologische Indizien und Evidenzen, welche die alten Mythen und Legenden der dortigen Völker über versunkene Länder der Vorzeit stützen. Der abschließenden Teil unserer Pazifika- und Le(Mu)ria-Betrachtung wird sich mit der Suche nach archäologischen und krypto-archäologischen Hinterlassenschaften befassen, die uns mehr über jene Menschen verraten können, die vermutlich während ‚paläolithischer' und ‚mesolithischer' Zeiten im Großraum der Indischen und Pazifischen Ozeane lebten – und möglicherweise als historische ‚Lemurier' infrage kommen."

Bevor ich Beier wieder zu Wort kommen lasse, möchte ich darauf hinweisen, dass m.E. die Fakten dafür sprechen, dass es eine Landmasse von Kontinentalgröße, allerdings nur basierend auf einer Sima-Basis, im Pazifik gegeben hat, während es offensichtlich eine zweite, kleinere Landmasse im Südwest-Pazifik gab, die möglicherweise sogar eine Sial-Kruste hatte. Hier fragt sich allerdings, welcher Mechanismus diese zum Untergehen bewegt haben könnte. War es eine Überflutung wie bei Sundaland? Oder gehörte diese „kleinere Landmasse" in Wirklichkeit zu Lemuria, was aber die Frage aufwirft, ob es sich nun um eine kontinentale oder ozeanische Erhebung handelte. Da nur eine „etwas Sial" enthielt, scheint mir mit etwas Bauchschmerzen die Annahme, es habe sich um einen *einzigen* Kontinent auf Sima-Basis, also eine ozeanische Formation gehandelt, zu der auch Hawaii gehörte[56], als die wahrscheinlichste Variante.

Doch nun wollen wir uns Beiers Blick auf die archäologischen Spuren von Lemuria ansehen.

---

[56] S. dazu: Horn, Roland. M.: Atlantis: Alter Mythos – Neue Beweise, Grafing 2009, S. 142

ARCHÄOLOGISCHE GRUNDLAGEN FÜR DIE LEMURIA-HYPOTHESE

Mit den Worten „Nachdem wir festgestellt haben, dass nicht nur eine mythologische, sondern sogar eine geologische bzw. ozeanographische Basis für die Hypothese versunkener Landstriche und Zivilisationen im pazifischen Großraum sowie in Südostasien und dem Gebiet des Indischen Ozeans besteht, wenden wir uns nun der Prüfung archäologischer Indizien für ein „historisches Lemuria" (= Pazifika) zu. Gibt es konkrete Hinweise, Indizien oder sogar Evidenzen, welche die Grundannahme primhistorischer Pazifik-Kulturen stützen und weitere Forschungen dazu legitimieren?", beginnt Beier seinen Artikel „Archäologische Grundlagen für die Pazifika-Hypothese?" auf

http://www.atlantisforschung.de/index.php?title=Arch%C3%A4ologische_Grundlagen_f%C3%BCr_die_Pazifika-Hypothese%3F .

Er beginnt seine Spurensuche in Südostasien, bei den Inseln des heutigen Japans, die gegen Ende der jüngsten „Eiszeit" (Beier setzt „Eiszeit" in Anführungszeichen, da er anzweifelt, dass das Eiszeit-Modell überhaupt richtig ist) noch die kontinentale Küstenregion markierten. Die Menschen, die dort schon vor mehr als 15.000 Jahren gelebt hätten, unterschieden sich seiner Meinung nach physiognomisch stark von den modernen Japanern. (vgl. auch: Japan und die versunkenen Ursprünge seiner Kultur auf:

http://www.atlantisforschung.de/index.php?title=Arch%C3%A4ologische_Grundlagen_f%C3%BCr_die_Pazifika-Hypothese%3F;Anm.RMH .

Wie wir heute wissen, gehörten sie zu einer uralten Völker-Familie, deren Angehörige damals das Südchinesische Meer befuhren: Die Ainu bzw. ihre Vorgänger, die Jōmon. Deren Spuren finden wir sowohl auf dem damaligen ostasiatischen Festland als auch auf den heutigen japanischen Inseln und den Kurilen.

Er schreibt:

> „Die Vorfahren der Ainu und ihnen verwandte Völker gehörten zu einem kaukasoiden Typus, der möglicherweise im Osten des eurasischen Groß-Kontinents beheimatet war und anscheinend nach dem Ende der jüngsten Eiszeit in Konkurrenz mit den Vorläufern der modernen Asiaten geriet. ‚Die Ainu sind viel größer als die meisten Japaner, mit kaukasoiden Gesichtszügen und Bartwuchs bei den Männern, betrachten sie sich als eigenständige Rasse, welche die nativen Bewohner der Japanischen Inseln repräsentiert. 1984 zählte die übrig gebliebene Ainu-Bevölkerung auf der Insel Hokkaidō[57], ihrer letzten Zuflucht, weniger als 25.000 Menschen. Viele von ihnen repräsentieren allerdings eine teils Ainu-, teils asiatische Misch-Population, sodass heute nur noch sehr wenige reinblütige Ainu existieren."
>
> (Beier, Zitat im Zitat: Beier nach: Anonymus, Ainu People, nach: MSN Encarta Encyclopedia, Stichwort: „Ainu", Übers. ins Deutsche durch „Atlantisforschung.de", d.h. Beier selbst; Anm. RMH)

---

[57] Hokkaidō ist die nördlicher gelegene der beiden Hauptinseln Japans

Die Ursprünge und Verläufe ihrer Wanderungen liegen bisher noch weitgehend im Dunkeln. Ihr Herkunftsort könne ebenso im Gebiet der heutigen Wüste Gobi in Zentral-Asien wie im Großraum des Pazifiks liegen, von wo aus eine Einwanderung nach Asien hinein möglich erscheine. Die Vorfahren der heutigen „asiatischen" Japaner („Yoyoy") stammten vermutlich aus dem Süd-Pazifik und drangen offenbar erst nach der Bildung der jetzigen Inselwelt in das Südostchinesische Meer ein, meint Beier. Viele Jahrtausende lang scheine es sogar eine friedliche Koexistenz der beiden Ethnien gegeben zu haben, wie die Spuren kontinuierlicher Besiedlung durch die Ainu im nordjapanischen Raum nahelegen.

Beier weiter:

> „Noch im klassischen Japan des (europäischen) Mittelalters scheinen die Ainu zur Nobilität gehört zu haben (vergl. dazu: Die Samurai und die Ainu von William R. Corliss auf:
>
> *http://www.atlantisforschung.de/index.php?title=Die_Samurai_und_die_Ainu* ; Anm. RMH),
>
> aber dann kam es offenbar zu massiven gesellschaftlichen Umbrüchen mit schwerwiegenden Konsequenzen für diese alte Volksgruppe: ‚Von der Mitte des 15. Jahrhunderts an begannen die Ländereien und die Macht der Ainu mit dem weiteren Vordringen der japanischen Asiaten nach Norden zu schwinden. Die Ainu begannen der Verbreitung der Japaner von Insel zu Insel Widerstand entgegenzusetzen. Als die Kolonisierung

Hokkaidos von Honshū[58] aus begann, wurden mehrere größere Schlachten zwischen den nativen Ainu und den eindringenden Japanern geschlagen.

Drei der größten dieser Konflikte fanden 1457, 1669 und 1789 statt. Nach der letzten dieser Schlachten waren die Ainu gezwungen, die japanische Vorherrschaft zu akzeptieren, und es begann eine Periode forcierter Assimilation, in der die japanische Regierung die Ausübung der Ainu-Religion und anderer kultureller Gebräuche untersagte. Diese Zwangs-Japanisierung ging jedenfalls auch nach dem Hokkaido-Aborigine-Protection-Act von 1899 weiter, der die Ainu formal zu den Ur-Einwohnern Japans erklärte und die Verschiedenheit zwischen den Ainu mit ihrem kaukasoiden Aussehen und ihrer [eigenen] Sprache, Religion und Kultur sowie den Japanern klarstellte.'" (Ebenda)

Diese jahrhundertelange Geringschätzung und Unterdrückung der Ainu-Kultur hat Beier zufolge u.a. den unwiederbringlichen Verlust des größten Teils der alten Sagen und Legenden dieses Volkes bewirkt, darunter möglicherweise auch Mythen, die bis ans Ende der jüngsten Eiszeit zurückreichten. Bereits damals seien die Vorfahren der „Schwarzbärte" eine Seefahrer-Nation gewesen, die sich anscheinend nicht mit Küsten-Schifffahrt und „Insel-Hüpfen" zufriedengegeben, sondern den Pazifik bis hin nach Amerika befahren habe. Prä-Ainu-Siedlungen entdeckte

---

[58] Honshū ist die größte Insel Japans und wird auch als japanisches „Kernland" bezeichnet.

man laut Beier auch auf den Kurilen (vergl.: Ringförmige Strukturen auf den Kurilen-Inseln auf

http://www.atlantisforschung.de/index.php?title=Ringf%C3%B6rmige_Strukturen_auf_den_Kurilen-Inseln),

wozu William R. Corliss bemerkte:

> „Es sind nur ein paar hundert Meilen von den Kurilen bis zu den Aleuten, einem Sprungbrett nach Nordamerika. Es wird spekuliert, dass die Ainu die hochgelobte Bering-Landbrücke vor 10.000 Jahren wohl umgingen und fortfuhren, [um] entlang der nordamerikanischen Küste südwärts zu drängen." (Beier nach: William R. Corliss, "CIRCULAR STRUCTURES IN THE KURILS", Science Frontiers Nr. 124, Jul. / Aug. 1999; online unter
>
> *http://www.science-frontiers.com/sf124/sf124p01.htm)*

Auf eine ihrer alten Hafen-Anlagen aus weit prähistorischer Zeit sei im Jahr 1985 durch Zufall der japanische Taucher Kihachiro Artake vor der Küste der Insel Yonaguni gestoßen (Auf das Thema „Yonaguni" werden wir im nächsten Kapitel separat zu sprechen kommen.). Yonaguni, nur gute hundert Kilometer von Taiwan entfernt, ist die südwestlichste Insel der Rukyu-Kette, die heute das Ostchinesische Meer (East China Sea) vom eigentlichen Pazifik abgrenzt. Diese Anlage bei Yonaguni gehörte, so Prof. Masaaki Kimura von der japanischen University of the Rukyus, zu einem ganzen Komplex megalithischer Strukturen, die Zeugnis von den spätglazialen Kulturen des damaligen asiatisch-südost-pazifischen Großraums ablegen. Dieser „Komplex reicht bis nach Okinawa und zu anderen japanischen Inseln, auf denen die Jomon-Kultur seit 16.000 Jahren präsent war." (nach Beier, der wiederum nach Interview von John Michael [Morien Institute, 2002] mit Prof. Masaaki Kimura, online unter

http://www.morien-institute.org/yonaguni.html

bei *„Atlantisforschung.de“* in deutscher Sprache unter: Professor Masaaki Kimura im Gespräch - Interview mit dem 'Nestor' der Yonaguni-Forschung auf

https://www.atlantisforschung.de/index.php?title=Professor_Masaaki ; Anm. RMH).

Die nächsten Funde dieser Art könnten schon bald erfolgen, meint Beier, denn auch vor der Küste der Kerama-Inseln, bei Aguni-Jima und auch vor Chatan seien Unterwasser-Strukturen ausgemacht worden, die Gemeinsamkeiten mit den Yonaguni-Monumenten aufzuweisen scheinen. Prof. Masaaki, ein Meeresgeologe und derzeit der vermutlich kompetenteste Profi-Wissenschaftler im Lager der Yonaguni-Forscher, äußert sich jedenfalls vorsichtig-optimistisch mit den Worten:

> „Sie erscheinen teilweise von ganz ähnlicher Struktur, so etwa eine vor den Kerama-Inseln in Form einer Stufenpyramide und breiten Stufenterrassen vor Chatan, nahe dem Hauptland Okinawa. In beiden Fällen mangelt es jedoch an wissenschaftlichen Daten.“ (vergl. dazu: Professor Masaaki Kimura im Gespräch - Interview mit dem ‚Nestor‘ der Yonaguni-Forschung von John Michael, Morien Institute; zit. und übersetzt von Beier, Link s. oben)

Dass es sich bei den „steinzeitlichen“ Jōmon bzw. den Yonaguni- und Okinawa-Leuten tatsächlich um Angehörige einer entwickelten Kultur gehandelt haben müsse, zeige sich auch anhand mehrerer Stein-Objekte, die bereits vor etwa 60 Jahren auf bzw. vor Okinawa entdeckt wurden, und eines dieser Fundstücke, der „Okinawa-Rosetta-Stein“, sei offenbar ein Fragment einer größeren Tafel und zeige komplexe Bildsymbole, die anscheinend den Charakter einer Schrift haben. Auch megalithische Idole auf Yonaguni, deren hoher Verwitterungs-Grad auf ihr ungeheures

Alter hinweise, belegten die Existenz dieser primhistorischen Zivilisation.

„Kein Wunder, dass nicht nur Esoteriker [...] diese mehr als 10.000 Jahre alten Relikte mit dem legendären versunkenen Kontinent ‚Le(Mu)ria' in Verbindung bringen", meint Beier dazu, um anschließend den Autor grenzwissenschaftlicher Bücher, Frank Joseph, dazu zu zitieren: „Nicht jeder ist bereit zuzugestehen, dass Okinawa ‚Mu' ist, aber viele Japaner sind sich da sicher. Aber was auch immer die wahre Identität ihrer Stadt auf dem Meeresgrund sein mag, sie stellt zweifelsohne eine einzigartige Entdeckung dar, die die Archäologen zwingen wird, die Anfänge unserer Geschichte – und wohl auch die Geschichte der Entstehung von Hochkulturen auf der Erde – umzuschreiben." (Beier nach: William R. Corliss, „Circular Structures in the, Science Frontiers", Nr. 124, Jul. / Aug. 1999; online unter

http://www.science-frontiers.com/sf124/sf124p01.htm)

„Wie wir im Zusammenhang mit unserer Suche nach archäologisch verwertbaren Spuren der versunkenen Welt ‚Pazifikas' sehen, steht vermutlich auch die konventionelle Sichtweise der Menschheitsgeschichte zur Disposition. Um mehr darüber zu erfahren, verlassen wir nun das versunkene Reich der Jōmon und wenden uns seiner südlichen Nachbarschaft zu. Dazu ist nur eine recht kurze, gedankliche Seereise nötig. Wenn man nämlich die alte, südost-chinesische Küste entlang nach Süden fuhr, gelangte man in wenigen Tagen zu den nördlichen Ausläufern des Teilkontinents Sundaland", schreibt Beier weiter, um anschließend seine gedankliche Seereise weiterzuführen:

> Die heutige Inselwelt Indonesiens bildete während der jüngsten Eiszeit noch eine überdimensionale ‚Halbinsel', mehr als drei Mal so groß wie der indische Subkontinent [...]. Diese

Halbinsel muss bei paläolithischen Migrations- und Siedlungsprozessen des späteiszeitlichen Homo sapiens eine wesentliche Rolle gespielt haben, stellte sie doch einen geographi-schen ‚Dreh- und Angelpunkt' zwischen den Jōmon-Ländern im Norden, jenem zu vermutenden australoguineischen Kontinent im Süden, größeren Landmassen im Westen und Südwesten (Hawaii, Seeland) sowie dem Indischen Ozean und den Kulturen des Indischen Subkontinents im Osten dar".

„Gleichzeitig scheint es auf Sundaland aber auch ausgedehnte Rückzugsräume gegeben zu haben, in deren Abgeschiedenheit sogar eine Relikt-Population des Homo erectus bis in spät-paläolithische Zeiten hinein überleben konnte", schreibt Beier weiter:

„Diese – für konventionelle Menschheits-Geschichtler – überraschende bis unangenehme – Schlussfolgerung ergäbe sich aus der Entdeckung des Homo floresiensis im Jahr 2004. Auf der heutigen Insel Flores seien Archäologen über sterbliche Überreste dieser, nur ca. einen Meter großen, Hominiden gestolpert, bei denen es sich um die ersten Siedler gehandelt haben könnte, die sich dort niederließen. Beier zitiert den türkischen Teleevangelisten, Publizisten und einen der bekanntesten Kreationisten der islamischen Welt, Harun Yahya aka: Adnan Oktar, zu dieser Entdeckung, der sagt: ‚Ein Skelett, das man einer Frau in den [19]30ern zuordnet und auf ein Alter von etwa 18.000 Jahren schätzt, war nur einen Meter groß. Das Hirn-Volumen der betreffenden Frau lag bei ungefähr 380 cc [= 380 cm3; Anm. RMH]. Das ist signifikant, da man dies selbst bei einem Schimpansen als klein einstufen würde. Untersuchungen der Funde, die man mindestens acht einzelnen Individuen zuordnet, zeigen, dass der Homo floresiensis diese Höhle vor zwischen 95.000 und 12.000 Jahren [mehr als 80.000 Jahre lang!; Anm. Beier] bewohnte".

Die allgemeine Überzeugung der Wissenschaftler, welche die Werkzeuge und Tierknochen untersuchten, die in der Höhle ausgegraben wurden, geht dahin, dass Individuen des H. floresiensis komplexe Verhaltensweisen aufwiesen, welche die Fähigkeit zu sprechen notwendig machten, mit anderen Worten, dass sie soziale und intelligente menschliche Wesen mit kreativen Fähigkeiten waren. Gravierte und für bestimmte Zwecke geschärfte Steine, die in der Höhle entdeckt wurden, sowie Tierknochen zeigen, dass diese Leute erfolgreiche Jäger waren, die Tiere zu fangen vermochten, welche größer als sie selber waren.' (Beier nach: Harun Yahya, „Homo Florensis and The Facts Emerging about The Evolution Myth", Media Monitors Network, Saturday January 29 2005, online unter

http://world.mediamonitors.net/content/view/full/12966 .

Beier meint dazu:

„Wenn wir zu Grunde legen, dass die jüngsten Funde von Homo floresiensis erst ca. 12.000 Jahre alt sind, dann scheint diese Rasse (hier ist der Begriff tatsächlich einmal angebracht) also erst beim Untergang der Sunda-Ebene ausgestorben zu sein. Somit könnten diese zwergenhaften Wesen durchaus ihre Spuren in den Mythen und Legenden unserer primhistorischen Vorfahren hinterlassen haben. Da die Ainu-Mythen aus ‚grauer Vorzeit' leider infolge der kulturellen Diskriminierung und Unterdrückung durch die Japaner fast völlig verloren gegangen sind (siehe oben), werden wir im Norden Sundalands leider kaum noch mythologische Spuren der ‚Hobbits von Flores' finden, die immerhin in direkter südlicher Nachbarschaft zu den alten Jōmon-, Okinawa- und Yonaguni-Kulturen lebten.

Hinweise auf ihre Existenz könnte uns allerdings die altindische Sagenwelt liefern, in der wiederholt von einem kleinwüchsigen ‚Affenvolk' die Rede ist. So wird beispielsweise im Hindu-Epos Ramayana nicht nur der Einsatz von ‚Wunderwaffen' geschildert (vergl. dazu: Rama Empire versus Atlantis? – Der ‚Große Krieg' der Indus-Kultur und die Atlantida auf Seite

http://www.atlantisforschung.de/index.php?title=Rama_Empire_versus_Atlantis%3F ; Anm. RMH *),*

sondern auch das kleinwüchsige ‚Affenvolk' unter König Hanuman unterstützt den göttlichen Feldherrn Rama in der Schlacht um Lanka bei seinem Kampf gegen den Dämonenkönig Ravana.

(Zu ‚Zwergen' siehe auch: Riesen, Zwerge & Co - Traumwesen, Märchengestalten oder prädiluviale Spezies? auf

http://www.atlantisforschung.de/index.php?title=Riesen,_Zwerge_Traumwesen,_M%C3%A4rchengestalten_oder_pr%C3%A4diluviale_Spezies%3F ; Anm. RMH)

In diesem Zusammenhang stellt sich auch die Frage nach Alter und Herkunft der Megalithen von Sulawesi, bei denen es sich um Hinterlassenschaften einer Folgekultur der Sundaländer handeln könnte."

Nun kommt Beier wieder auf die Paläo-Geographie des Großraums zu sprechen: Südlich der heutigen Insel (damals Küstengebiet) Taiwan und nördlich der philippinischen Küstenregion habe sich zu dieser Zeit vermutlich die Einfahrt in die östliche Sunda-See, einem gewaltigen Binnenmeer, das den (kleineren) Ost-Teil Sundalands vom westlichen Haupt-Kontinent abtrennte, befunden. Eine weitere Ein- oder Ausfahrt dieses Binnenmeeres zum Pazifik hin dürfte sich Beier zufolge an der Südost-Küste Sundalands befunden haben: In einer teilweise nur einhundert Kilometer breiten Wasserstraße, die die sunda-asiatische Landmasse vom damaligen Groß-Australien im Süden abgetrennt habe (‚auch die australische Landmasse war noch um einiges größer als heute, vor allem im Norden des Kontinents, wo er vermutlich noch mit dem heutigen Papua-Neuguinea verbunden war‘, merkt Beier an.). „Durchfuhr man die Wasserstraße zwischen den beiden Kontinenten weiter nach Westen, stieß man bei der Umrundung Sundalands im Westen auf die Einfahrt in ein zweites, weitaus kleineres Binnenmeer, die westliche Sundasee.“, schreibt Beier weiter, um anschließend festzustellen:

> „Sri Lanka war damals noch Teil des indischen Subkontinents (vgl.. dazu: Satellitenbilder enthüllen: Ein künstlicher Damm verband Indien und Sri Lanka auf
>
> *http://www.atlantisforschung.de/index.php?title=Satellitenbilder_enth%C3%BCllen:_Ein_k%C3%BCnstlicher_Damm_verband_Indien_und_Sri_Lanka* ; Anm. RMH,
>
> in dessen Westen sich die Küstengebiete zum Teil noch hunderte von Kilometern weit in die heutige See hinein erstreckten. Dort, an den ehemaligen Küsten der Eiszeit-Epoche, haben alternative Prähistoriker und Profi-Archäologen die Chance, auf die Relikte ‚paläolithischer‘ Hafenstädte – wie im Südchinesischen Meer (siehe oben) – zu stoßen. Dass es zu ‚lemurischen Zeiten‘ – über eine anzunehmende Küsten-Schifffahrt – kulturelle Verbindungen zwischen Altindien (dem vermuteten ‚Rama-Empire‘), Sundaland und dem heutigen Südost-Asien gegeben hat, ist eine naheliegende Spekulation, deren archäologische Beweisführung allerdings noch aussteht.“

Nun kommt Beier auf weitere seiner Recherchen zu sprechen, bei denen klar wurde, dass sich auch in den Weiten der Südsee archäologische Hinweise für die Existenz untergegangener primhistorischer Kulturen im pazifischen Großraum finden.

> „Natürlich gilt es auch hier wieder, die Spreu vom Weizen zu trennen. Zu den wenig hilfreichen Hinweisen dürfte sicherlich die folgende Meldung aus einer unklaren Quelle im Internet gehören, die wir hier exemplarisch und unter Vorbehalt zitieren: ‚Farida Iskoviet, eine Diplomatin der Vereinten Nationen, kam 1972 nach Maui[59], erforschte [...] Ruinen und kam zu dem Ergebnis, dass es sich tatsächlich um lemurische Ruinen handele. Eine der führenden Autoritäten der Lemuria-Forschung [sic!; bb] war Sgt. Williard Wannall vom [US-] Army-Geheimdienst in O'ahu. Er berichtete, dass Ruinen einer überfluteten Lemurier-Stadt zwischen Maui und O'ahu lägen.' Untersuchungen dieser angeblichen Ruinen erfolgten, wie es dort heißt, 1972 im Rahmen eines ‚Top Secret-Projekts des Marine-Geheimdienstes'". (Beier; zit. im Zitat: Anonymus, „Lemuria - The Lost Continent".

Beier äußert sich erfreut darüber, dass wir bei unserer archäologischen Spurensuche weder auf „geheimdienstliche" noch auf „okkulte" Quellen angewiesen seien, denn auch in Polynesien fänden sich offenbar ganz handfeste eindeutige Hinweise, die sich nicht mehr anders als im Rahmen primhistorischer Szenarien erklären ließen. Auf die Frage, wo genau die zu finden sein sollen, verweist Beier auf das langjährige Mitglied der A.R.E, die einst von Edgar Cayce gegründet wurde, auf den wir später noch

---

[59] Maui ist die zweitgrößte Insel von Hawaii

zu sprechen kommen werden, Joan Griffith, die im Rahmen einer Diskussion gegenüber Hutton zu dieser Frage ausführt:

„Nun, in Französisch-Polynesien ... im Grenzgebiet der ‚Super-Schwelle'... gibt es einige der aufregendsten megali-thischen Ruinen innerhalb und außerhalb des Wassers ... gigantische Stein-Wälle, Straßen, Plattformen, Säulen, 10- bis 30-Tonnen-Blöcke. Wer hat sie errichtet?" (Beier nach

http://www.huttoncommentaries.com/article.php?a_id=40

wobei Beier anmerkt: „Illustrationen u. Beschreibungen dieser Anlagen finden sich in John MacMillan Browns ‚Riddle of the Pacific' und den Büchern über Lemuria und den Pazifikraum von David Hatcher Childress." Diese Information geht auch auf Griffiths Aussagen innerhalb der genannten Diskussion zurück).

Beier kommt nun auf eine andere Quelle zu sprechen, die er ebenfalls Huttons Artikel entnimmt: Richard Noone, der „über das Vorkommen von alten Bauwerken auf zwei Pazifik-Inseln, Malden von den Line-Islands und Rarotonga von der Cook-Inselkette geschrieben hat". Dies tat er in seinem Buch „5/5/2000: Ice The Ultimate Disaster, 1982, Three Rivers Press, New York". Beier zitiert Noone (S. 198) nach Huttons genanntem Artikel:

„Die zwei Inseln liegen nahe bei (wie die Malden-Inseln) oder gerade innerhalb McNutts-Grenze für die südpazifische Super-Schwelle. Auf Malden-Island (4.00ºS, 155.00ºW) scheint es die Überreste eines Straßen-Systems zu geben, das von einem Tempel-Komplex aus in alle Richtungen führt. Aus exakt aneinanderpassenden Basalt-Blöcken zusammengesetzt, kreuzen die Straßen Buchten und verschwinden unter den Wellen. ‚Fünfzehnhundert Meilen südlich von Malden-Island taucht ein anderer Abschnitt desselben Typs Straße aus den Wellen auf, überquert die Bucht und verschwindet im Dschungel von

Rarotonga Island. Dies legt nahe, dass viele Pazifik-Inseln die Überreste eines gegenwärtig überfluteten pazifischen Kontinents sind".

Beier bemerkt dazu:

„Während bei den zuletzt genannten Funden eine Datierung der Relikte offenbar (noch?) nicht möglich war, wies William R. Corliss schon 1993 auf eine weitere Entdeckung hin, die ein wahrhaft „lemurisches" Alter aufweist. Auf der, zum Salomonen-Archipel gehörenden, Insel Buka legten M. Spriggs und S. Wickler bei Ausgrabungen in der Kilu-Höhle ‚kleine behauene Steinwerkzeuge frei, deren Oberflächen stärkehaltige Getreide und andere Rückstände von Pflanzen aufwiesen. Augenscheinlich wurden diese Werkzeuge dazu verwendet, um Wasserbrot-Wurzeln zu bearbeiten. Darüber hinaus ähnelte das [...] Getreide eher kultivierten [Arten] als wilden Wasserbrot-Wurzeln. Datierung: etwa 28.000 Jahre alt.'

(Beier nach: Corliss, Where did Acriculture really begin? Science Frontiers Nr. 86, März / April 1993, online unter

http://www.science-frontiers.com/sf086/sf086a02.htm .

Corliss verweist dazu als Referenz auf Leigh Dayton, Pacific Islanders Were Worlds First Farmers, New Scientist, S. 14, 12. Dezember 1992.)

Halten wir dazu fest: Vor ca. 28.000 Jahren wurde in diesem Teil der Welt offensichtlich etwas betrieben, was sich – vorsichtig formuliert – als landwirtschaftlicher Gartenbau bezeichnen lässt!"

Doch Beier ist mit seinen Ausführungen zu den archäologischen Zeugnissen für eine äußerst alte Kultur im pazifischen Raum noch lange nicht zu Ende und kommt auf Neuguinea zu sprechen, das uns „harte Faken zur Primhistorie des pazifischen

Großraumes“ liefere. So habe einmal mehr Corliss 1993 die Entdeckung von Spuren einer verschollenen Zivilisation entdeckt, „die offenbar schon (oder: noch?) in der frühen Nach-Eiszeit einen hochentwickelten Ackerbau betrieb“. J. Golson, vormals Australian National University, haben damals im Hochland von Neuguinea „Gräben und krude Felder in diesem Gebiet entdeckt“. Beier zufolge konnte Golson nachweisen, „dass Menschen dort im Zeitraum zwischen 7.000 und 10.000 Jahren vor der Gegenwart Pflanzen anbauten.“ (Beier nach: Ebenda)

Weiter schreibt Beier:

> „Wenige Jahre später gelangen Tim Denham von der University of Adelaide dann Entdeckungen, die Golsons Funde flankieren. Er führte im Kuk Swamp, im oberen Wahgi Valley im Hochland von Papua-Neuguinea, zwischen 1998 und 1999 Ausgrabungen durch und dabei legte er ‚ringförmige Erd-Mounds‘ frei, die auf 7.000 Jahre [alt] datiert werden. Sie waren konstruiert, um sumpfigen Boden mit Luft zu versorgen, sodass er in Gebieten für Anpflanzungen genutzt werden konnte, die nur schlecht entwässert waren. An einer Stelle in der Nähe gibt es höher entwickelte und durchgeplante Drainage-Kanäle, die ein ausgedehntes Areal bedecken, was auf der Luft-Aufnahme zu sehen ist, die nebenstehend abgebildet ist.[...][Diese Anlagen] sind sogar noch älter. C-14 Datierungen von Sedimenten ordnen das Alter der Kanäle [als] mehr als 9.000 [alt] Jahre ein.“(Beier nach: Peter Marsh, „Polynesian Pathways“, Lapita pottery, online unter :
>
> *http://www.users.on.net/~mkfenn/page6.htm*).

Zwei zwingende Schlussfolgerungen ergeben sich Beier zufolge aus diesen Funden im Hochland Neuguineas: Zunächst müssten wir – auch mit einem Blick auf die Salomonen – einsehen, dass die Geschichte der Landwirtschaft weitaus älter ist, als dies in fachwissenschaftlichen Kreisen akzeptiert wird. Zudem hätten wir festzustellen, dass es auch in diesem Teil der pazifischen Welt bereits gegen Ende der jüngsten Eiszeit vergleichsweise entwickelte Kulturen gab, die später fast spurlos von der Bühne der Menschheits- und Zivilisations-Geschichte verschwunden sind. Weitere Entdeckungen würden die Möglichkeit andeuten, das sich der betreffende primhistorische Kulturraum einst bis zu den heutigen Karolinen-Inseln erstreckt hat, und ich muss sagen, dass ich dieser Schlussfolgerung ohne Abstriche zustimme. Beier verweist in diesem Zusammenhang auch auf Zhirov, der 1970 zum letzten von Beier erwähnten Punkt schrieb:

> „Das gewaltige submarine Karolinen-Plateau, auf dem die Inseln gleichen Namens liegen, befindet sich nördlich von Neuguinea. *Diese Region ist Heimstätte einer rätselhaften Megalith-Kultur, über dessen Ursprung und die Bevölkerung uns keine vertrauenswürdigen Daten vorliegen, an die wir uns halten könnten.*
>
> Die phantastischen Legenden der Natives [Ur-Einwohner, Anm. RMH] dieser Inseln sind in ähnlicher Weise extrem fragmentarisch. *Die Wiege dieser Kultur befand sich auf Ponape* mit seinen Überresten eines riesigen mysteriösen Hafens, der in die Basalt-Kliffs gehauen wurde (Nanmatal, bisweilen auch Venedig des Pazifiks genannt). Unglücklicher Weise ist diese außerordentlich interessante Region des westlichen Pacifis[60]

[60] Beier merkt dazu an: „1: Pacifis = Pazifika; d. Ü. – Anmerkung 2: Zu Nanmatal vergl. auch den höchst aufschlussreichen Artikel „Ozeanische Altertümer“ (aus: Meyers Großes Konversations-Lexikon, Band 15. Leipzig 1908, S. 283-285); online bei

für die archäologische und ozeanographische Forschung praktisch recht unzugänglich, da die Karolinen-Inseln von den USA in eine Flotten- und Luftwaffenbasis verwandelt und zum Sperrgebiet erklärt wurden." (Beier nach: N. Zhirov: „Atlantis - Atlantology: Basic Problems", Honululu (Hawaii), 2001 [Reprint von 1970, Moskau], S. 153 - Anmerkung d. Ü.: Hervorhebungen durch N. Zhirov)

In der Folge weist Beier auf kulturelle Relikte in Südamerika hin, mit denen „Lemuria" in Verbindung gebracht werde. So stieß er z.B. im Internet auf die Fotographie einer angeblichen Karte von Lemuria – oder „Kásskara", wie die Hopi sagen würden –, die sich auf einer Stele in der Gegend von di Palpa, in der Nähe von Nazca, befinden soll. (Als Quelle hierfür verweist Beier auf eine leider heute nicht mehr verfügbaren Seite namens „Stella de Lemuria" auf

http://www.edicolaweb.net/foto0037.htm ,

auf der einst von einem unbekannten Autor die genannte Karte eingestellt war.) Weiter wies Beier auf Robert Charroux hin, der 1974 in seinem Buch „L´énigme des Andes, Les pistes de Nazca, La bibliothèque des Atlantes" bei seiner umfangreichen Betrachtung der sogenannten und umstrittenen, wie ich hinzufügen möchte, „Steine von Ica"[61] auf zwei „runde schwarze

---

Zeno.org, unter: http://www.zeno.org/Meyers-1905/A/Ozeanische+Altert%C3%BCmer

[61] Beier weist in dieser Sache auf seinen Artikel „Präkolumbische Artefakte und Dinosaurier in Amerika - Urgeschichtliche Kunstwerke stören das überkommene Bild der

Steine aus Andesit" hinwies, „die gut hundert Kilo wiegen. Sie bilden offenbar einen Riesenozean ab, den hohe Berge umsäumten bzw. von einem „rings um den Rand herumlaufenden Fluss", der die halbe Zeichnung ausfüllte. (Beier nach: Robert Charroux, „Das Rätsel der Anden – Phantastische Thesen über unsere Entwicklungsgeschichte", Goldmann, 1979, S. 36f)

Auf dieser steinernen „Weltkarte" sind Charroux und Beier zufolge offenbar vier Kontinente abgebildet, „die, damit sie leichter als solche identifiziert werden können, Menschen, Tiere, Häuser und Berge tragen". Auf einem der Kontinente, „den Dr. Cabrera für Südamerika hält, ist ein Kopf zu erkennen, der denen auf den Steinen von Ica ähnelt. Trotzdem wären wir eher geneigt, Kontinent [...] mit seinen hohen Bergen – den Anden – und seinem Lama mit Südamerika zu identifizieren", schreibt Charroux Beier zufolge. Außerdem stelle Charroux fest:

> „Bemerkenswert ist übrigens die Darstellung eines Hauses mit Dach, Tür und Fenster, das ganz den Häusern unserer Zeit gleicht. Was die Seen, Kreise, Kreuze und Sterne, die über den Kontinent verstreut sind, im Einzelnen genau bedeuten, wissen wir nicht. Atlantis könnte – wenn wir diese Hypothese schüchtern äußern dürfen – auf [...] liegen, wo deutlich zwei hohe Bergspitzen, ein geschwänztes Meeresgeschöpf mit einem Fisch und ein eigenartiges Haus zu sehen sind."

Menschheitsgeschichte Teil I, Südamerika: Die Steine von Ica auf http://www.atlantisforschung.de/index.php?title=S%C3%BCdamerika:_Die_Steine_von_Ica hin.

Nach Dr. Cabrera jedoch soll es sich bei diesem Kontinent um Mu/Lemuria gehandelt haben, was er mit Angabe der Seiten 37 und 38 aus Charrouxs letztgenanntem Buch belegt. „Zugestanden:“, schreibt Beier: „die beiden letztgenannten Stein-‚Karten‘ sind nicht gerade das, was empirisch-naturwissenschaftlich orientierte Forscher als ‚harte Evidenzen‘ bezeichnen, und wir führen sie hier ausdrücklich nicht als ‚Beweise‘, sondern lediglich als krypto-archäologische Indizien oder mögliche Anhaltspunkte für die Existenz primhistorischer Kulturen auf heute versunkenen Landgebieten im Pazifik an. Das Gleiche gilt im Übrigen auch für vergleichbare Fundmeldungen aus den USA, die traditionell mit ‚Lemuria‘ in Verbindung gebracht werden, wie etwa die Kammer der Riesen in den Rocky Mountains oder die riesenhaften menschlichen Relikte aus der Lovelock-Höhle in Nevada.“

Beier resümiert:

> „Es erscheint also keineswegs sicher, dass die gezeigten Karten und vergleichbare, krypto-archäologische Funde (z.B. die Acambaro-Objekte[62] tatsächlich etwas mit den vermuteten späteiszeitlichen Kulturen des pazifischen Großraums zu tun

---

[62] Beier merkt dazu an: Zu diesen krypto-archäologischen Artefakten aus Mexiko siehe: Präkolumbische Artefakte und Dinosaurier in Amerika - Urgeschichtliche Kunstwerke stören das überkommene Bild der Menschheitsgeschichte von Bernhard Beier, Teil II: Mittelamerika: Die Acambaro-Objekte [auf:

http://www.atlantisforschung.de/index.php?title=Pr%C3%A4kolumbische_Artefakte_und_Dinosaurier_in_Amerika; Anm. RMH] haben oder zwingende Rückschlüsse auf ‚pazifische' Ursprünge end- und post-glazialer Kulturen ermöglichen. Immerhin lässt der – früher oder später – zu erwartende Zusammenbruch des Beringstraßen-Paradigmas[63] Überlegungen zu, ob es möglicherweise auch vom pazifischen Raum her massive Zuwanderungen früher Menschen auf den Doppel-Kontinent gegeben hat.

Alles in allem halten wir aber die archäologischen ‚Beweise', die wir hier vorgestellt haben (eine mit Sicherheit noch unvollständige Zusammenstellung), für durchaus ausreichend, um abschließend folgende Hypothese zu formulieren: Der pazifische Großraum war bereits gegen Ende des Pleistozäns von Menschen besiedelt, die zum Teil eine vergleichsweise hohe

---

[63] Beier merkt hierzu an: „Vergl. dazu auch: Farewell, Clovis! - Vom langsamen Sterben eines Paradigma [auf

http://www.atlantisforschung.de/index.php?title=Farewell,_Clovis !; Anm. RMH]; sowie: Die Besiedlungsgeschichte Amerikas und das Atlantis-Problem [auf

https://www.atlantisforschung.de/index.php?title=Pr%C3%A4kolumbische_Artefakte_und_Dinosaurier_in_Amerika ; Anm. RMH)] von B. Beier.

Zur „Beringstraße-Theorie schreibt er dort: „Diese Lehre besagt, dass Amerika bis zum Ende des jüngsten (‚Wisconsin')-Glazials immer menschenleer gewesen sei. Dann aber soll Folgendes geschehen sein: ‚Während der letzten Eiszeit war so viel Wasser in den gewaltigen polaren Eiskappen gefangen, dass der Meeresspiegel weltweit um mehr als 100 Meter absank. So war etwa Ostsibirien mit Alaska durch eine große eisfreie Tundra verbunden. Nach landläufiger Meinung wanderten die ersten Menschen über diese Landbrücke von Asien nach Nordamerika. Diese Migration wird seit den 20er Jahren [des 20. Jahrhunderts] auf etwa 10.000 v. Chr. geschätzt." (Beier nach: Michael Baigent, Das Rätsel der Sphinx, Droemersche Verlagsanstalt Th. Knaur Nachf., München, 2002, S. 139)

Kulturstufe aufwiesen und nicht zuletzt in Regionen lebten, die heute von den Fluten des Stillen Ozeans bedeckt sind. Diese Kulturen verfügten offenbar über entwickelte nautische Kenntnisse, praktizierten Landwirtschaft auf bisweilen hohem Niveau (siehe Neuguinea) und zumindest einzelne Völker (z.B. die Jomon/Okinawa-Leute) kannten und verwendeten anscheinend Schriftzeichen oder vergleichbare Symbole.

Es erscheint daher mehr als naheliegend, den Mythen und Legenden über untergegangenen Pazifik-Kulturen, die heute allgemein unter den ideologisch befrachteten Etiketten ‚Mu' oder ‚Lemuria' behandelt werden, eine historische Grundlage zuzubilligen. Der Pazifik-Raum wurde *nicht* erst während der beiden jüngsten Jahrtausende besiedelt, sondern lediglich „wiedererobert". Die Gründe für das Verschwinden dieser putativen primhistorischen Pazifik-Kulturen liegen noch im Dunkeln, aber wir haben offenbar davon auszugehen, dass ihr Erlöschen mit den kataklysmischen Umwälzungen in Zusammenhang steht, die den erdgeschichtlichen Wechsel am Ende der jüngsten ‚Eiszeit' kennzeichnen."

Der Autor Lewis Spence stellt in seinem Buch „The Problem of Lemuria" (Pomeroy 1976) fest, dass man auf der Osterinsel neben den bekannten Statuen auf große Terrassen stoße, deren massive Steinhäuser, die in Reihen und großen Plattformen von 60 bis 90 Metern Länge angeordnet seien sowie gigantische Skulpturen, von denen manche beinahe 25 Meter hoch seien, was auf eine fortgeschrittene Art von Maurerarbeit hinweist. Die Plattformen, auf denen diese berühmten Statuen stehen, ähneln Spence zufolge dem Fundament von Pyramiden. In diesem Zusammenhang weist dieser Autor darauf hin, dass auf Hawaii große Steinpyramiden stünden. Auch dort seien steinerne Idole und Steinmauern zu finden. Und auch die Marquesas seien besonders reich an Steinbauten, die jenen auf der Osterinsel ähnelten, ebenso die Fundamente, die auf den im südöstlichen Pazifik isoliert gelegenen Pitcairninseln entdeckt wurden, sowie die Existenz grober Statuen auf der Insel Ra'ivāvae, die zu den Australinseln in Französisch-Polynesien gehört. Es handele sich dabei um die einzigen in der gesamten Inselgruppe. Spence weist weiter darauf hin, dass auch auf Tahiti Pyramiden stünden; und er erwähnt einen megalithischen Steinkreis auf dem Atoll Penrhyn, das ebenfalls im Pazifik liegt. Und auch das Monument „Fale-o-le-Fe'e" („Das Haus des Octopus") auf Samoa, das möglicherweise die Ruine eines alten Tempels ist, ist ihm zufolge ein Rätsel. Auch Fidschi besäße zahlreiche Megalithen und auf der zu dieser Inselgruppe zählenden Insel Rotuma würden Steingrabstätten existieren sowie Terrassen und pyramidale Strukturen auf den Fidschi-Inseln insgesamt.

Inwieweit dies für unser Thema interessant ist, möge der Leser selbst beurteilen, denn wie wir inzwischen wissen, gibt es überall auf der Welt Pyramiden und Megalithen, sodass die von Spence aufgeführten Funde möglicherweise ein Indiz für eine einstige weltweite Kultur ist, aber nicht zwangsläufig für die Existenz einer großen Landmasse im Pazifik, obwohl andererseits, wenn man es zusammen mit den bereits genannten Fakten betrachtet, durchaus eine gewisse Wahrscheinlichkeit nicht von der Hand zu weisen ist, dass diese Funde tatsächlich für eine sehr große Insel im Pazifik sprechen, von der beispielweise die Pyramiden- und Megalith-Erbauer in Ägypten, Mexiko und Europa kamen.

Kommen wir aber auf Spence zurück, der weiter feststellt, dass die Maori, die angeblich ersten Siedler auf Neuseeland, bei ihrer Ankunft erkannten, dass es dort bereits vorher eine einheimische Rasse gegeben habe, die sich physisch von ihnen unterschieden hätte. Dieses Volk habe Terrassen bewässert,

Wallburgen und Schutzhütten mit Steinmauern erbaut, die nichts mit der polynesischen Bauweise gemeinsam hätten. Unter anderem seien dort sogar Höhlenwohnungen gefunden worden; und viele fremdartige Inschriften dort verleiteten den Professor der Geologie, Julius van Haast, bereits im Jahr 1879 dazu zu sagen, dass sie von einer „bei weitem höchsten Zivilisation, die jemals Maori erreicht" habe, stammen würden. Ihre allgemeine Erscheinung mache deutlich, dass ihr handwerkliches Geschick mit jenem der Megalith-Erbauer im polynesischen Gebiet zusammenhängen müsse.

Überbleibsel von Steinmonumenten, die von älteren Kulturen erbaut worden sein müssen, fände man im melanesischen Gebiet einschließlich Neuguinea und Neukaledonien.

Die größte Überraschung bietet für Spence allerdings Mikronesien, insbesondere die Karolinen, ein Inselgebiet, dessen Inseln weit verstreut im Westpazifik zwischen den Philippinen im Westen und den Marshallinseln im Osten liegen. Auch in diesem isolierten Gebiet fände man Überbleibsel von gigantischen Monumenten und Städten und sogar Reste von Pyramiden feingliedriger Bauweise, die von der dort heimischen Bevölkerung „Häuser der Alten" genannt würden.

Doch die wichtigste und verblüffendste dieser Stätten ist Spence zufolge Pohnpei, die, als Spence sein Buch schrieb, noch Ponape hieß. Er weist hier insbesondere auf die verwüstete Stadt Metalanim (besser bekannt als „Nan Madol") hin, deren Ruinen beinahe 30 Quadratkilometer umfassen würden. Hier fände man große Tempel, die von Kilometern künstlicher Wasserwege unterbrochen seien, weswegen es auch „Das Venedig des Pazifiks" genannt würde. Ganz Pohnpei sei übersät von massiven und gewaltigen Basalt-Blöcken, die aus einer Entfernung von 130 Kilometern mit dem Floß dorthin gebracht worden sein müssten. Aus ähnlichen Blöcken seien die massiven Hafenmauern und Dämme der gewundenen Kanäle erbaut, von denen viele eine Breite von 30 Metern aufweisen würden. Der äußere Gürtel um die Stadt sei teilweise überschwemmt, sodass man auf die Idee kommen könne, dass Metalanim in späterer Zeit abgesunken sei, doch dies hält Spence für unwahrscheinlich, da die kolossalen Brüstungen, die die Kanäle säumen, alle oberhalb des Ebbe-Niveaus stehen und es deutlich sei, dass diese Bauten auf künstlichen, also von Menschen ganz oder teilweise künstlich erzeugten Inseln aufgestellt worden sein müssten, die auf dem Fundament des natürlichen Korallenriffs erbaut wurden. Es sei offensichtlich, dass diese Stadt deswegen an der Ostküste der Insel erbaut worden sei, weil so die Bewohner, wenn sie von der Stadt aus angegriffen wurden, schnell über den Seeweg entkommen konnten; und ebenso offensichtlich sei, dass die Wasserwege konstruiert wurden, um es zu ermöglichen, mit Steinen beladene Flöße zu den jeweiligen künstlichen Inseln bringen zu können, auf denen die größeren Bauten aufgestellt wurden.

Spence erwähnt noch Details in Metalanim. Am Interessantesten ist wohl eine in der inneren Einfassung gelegene zentrale Gruft, die Spence auch als Schatzkammer bezeichnet und die eine legendäre Dynastie, die in der östlichen Überlieferung als „Chan-te-leur" bzw. „Könige der Sonne" bezeichnet würde, angelegt habe.

Die Natur des Baumaterials, das den antiken Maurern, die Metalanim errichtet hatten, zur Verfügung gestanden habe, weise eine Schwierigkeit auf, die sich bei der Errichtung großer Gebäude auf einem künstlichen Fundament zwangsläufig ergäbe: Die Bearbeitung der immensen Basaltkristalle der außergewöhnlichen Megalithmassen, die fünf-, sechs- und achtseitig waren, war mit den primitiven Werkzeugen, die ihnen zur Verfügung standen, undurchführbar. Dazu käme, dass ihre Strukturen, aus denen sie bestanden, dazu geneigt hätten, „sich zu sträuben", sodass es ein Rätsel sei, auf welche Weise diese Kristalle geschnitten werden konnten. Einige der Wände und Plattformen seien nur mit diesen riesigen Kristallen beschichtet gewesen, wobei der Zwischenraum mit kleinen Korallen gefüllt gewesen sei.

Für die polynesische Herkunft dieses Volkes sprechen Spence zufolge sowohl die großen Schiffe aus Holz als auch, und das erscheint Spence noch wichtiger, die Existenz bestimmter Bräuche und Überlieferungen, die immer noch unter der einheimischen Bevölkerung verbreitet seien. Dass die Polynesier mit der megalithischen Architektur vertraut sind, würde von den Ruinen auf Apia, Toga und den Gesellschaftsinseln bezeugt.

In Pohnpei gibt es nach Spence Legenden von „göttlichen Männern" – Olochipa und Olochepa –, die die Steine, aus denen die heutigen Ruinen im Norden des Landes bestehen, „durch Magie" herbeigebracht hätten, die sie in die Lage versetzte, „durch die Luft fliegen" zu können. Diese Steine seien größer als selbst jene in Tiahuanaco. Einige von ihnen müssten 80 Tonnen schwer sein und aus diesen Steinen erstellte Mauern seien bis zu 24 Meter hoch.

Von Spence erfahren wir weiter, dass auch „nichtpolynesische" Elemente in den Bauten von Metalanim vorhanden seien. Er beruft sich auf den schottisch-neuseeländischen Akademiker Professor John Macmillan Brown, der asiatische Einflüsse in ihnen zu erkennen glaubt. So würde die polynesische Architektur keine Wände berücksichtigen, sodass Brown diese prähistorischen Japanern zuschreibe, insbesondere, da auch in den Korallen unter den Wäldern der Marianen, einer Inselgruppe in Mikronesien, uralte japanische Gegenstände gefunden worden und in den Gesichter der Einwohner von Pohnpei Züge des kaukasischen sowie des mongolischen Typs erkennbar seien.

Weiter beruft sich Spence auf einen namentlich nicht genannten französischen Händler, der vor Hunderten von Jahren Ra'ivāvae besucht und von den dortigen Ruinen als „einzigartige Monumente wie in Pitcairn oder Tubuai“ (der Hauptinsel der Austral-Inseln) und „Schreinen der Polynesischen Götter“ gesprochen habe. Die dortigen Figuren seien gut ausgearbeitet, ihre Ohren seien lang und durchbohrt, während die unteren Bereiche des Körpers deformiert und monströs seien. Er glaube, dass diese „Statuen minderwertigen Göttern“ errichtet wurden, um die Erinnerung an das außergewöhnlichste Phänomen der furchtbaren Katastrophe, die in dem Land bekannt sei, nämlich der Zerstörung des Kontinents, aufrechtzuerhalten. Mit Recht erwähnt Spence die Ähnlichkeit mit den angesprochenen bekannteren Statuen auf der Osterinsel.

Im nächsten Kapitel aber wollen wir wie versprochen noch einmal separat kurz auf die Yonaguni-Monumente eingehen, die ja doch sehr viel Aufsehen erregten.

YONAGUNI – EINST TEIL VON LEMURIA?

„Zu den spektakulärsten alternativ-archäologischen Fundstätten des späten 20. Jahrhunderts gehören mit Sicherheit die steinernen Monumente vor der Küste der westlichsten japanischen Insel Yonaguni am sogenannten ‚Iseki-Point'. Bei diesem beeindruckenden Großkomplex südlich von Hokkaidō handelt es sich vermutlich um die Hinterlassenschaft einer vergessenen, späteiszeitlichen Pazifik-Zivilisation – einer Zivilisation, die es nach den Vorstellungen der Mainstream-Wissenschaft nicht gegeben haben kann", stellt das Redaktionsteam von *„Atlantisforschung.de"* unter der Leitung von Bernhard Beier im Artikel „Yonaguni - Le(Mu)rias Spuren vor Japans Küsten? – Atlantis-forschung" auf der Seite

http://atlantisforschung.de/index.php?title=Yonaguni_-_Le%28Mu%29rias_Spuren_vor_Japans_K%C3%BCsten%3F

fest, um weiter zu berichten, dass auch dieser Fund zum „Zankapfel" unter Anthropologen und Archäologen wurde.

Am sogenannten „Iseki-Point" wurden zusätzlich noch Steinwerkzeuge gefunden und sogar eine mit eingravierten Symbolen und Bohrungen versehene Steintafeln wurde entdeckt. So darf man mit gutem Grund davon ausgehen, dass in der prähistorischen Inselwelt Japans vor mindestens 10.000 Jahren Menschen einer vergleichsweise hohen Kulturstufe lebten, die dieses Kunstwerk der Natur mit handwerklichen Mitteln und künstlerischem Sachverstand vollendeten und für ihre Zwecke nutzten.

„Diese Entdeckung stellt ein mehr als deutliches Indiz dafür dar, dass an den dortigen Küsten während der jüngsten Eiszeit eine Zivilisation blühte, die – ungeachtet der Vergletscherung im

Norden – in diesen Breiten ausgezeichnete klimatische Bedingungen für die Entwicklung einer frühen, fortgeschrittenen Seefahrer-Kultur vorfand. Die urzeitlichen Siedlungen dieses Seefahrervolkes, möglicherweise den Jomon[64], die zu den Vorfahren der späteren Ainu[65] gehörten, scheinen sich weitaus entwickelter und komplexer zu erweisen, als dies die Modelle der Mainstream-Prähistorik vorsehen. Das Ende der ‚Yonaguni-Kultur' muss mit dem abrupten Abschluss des Glazials, an der Schwelle vom Pleistozän zum Holozän gekommen sein.", heißt es im angesprochenen Artikel weiter. Unter Beachtung des Umstandes, dass Yonaguni (wie auch ganz Japan) im Pazifik liegt, liegt die Frage nahe, ob diese Kultur nicht zu Lemuria gehörte und ob Japan nicht ein Teil dieses versunkenen Kontinents gewesen sein könnte.

Der Vollständigkeit halber sei aber noch erwähnt, dass der Geologe Robert M. Schoch, der durch die Rückdatierung der Großen Sphinx von Gizeh von etwa 2.500 v. Chr. auf mindestens 5.000 - 7.000 v. Chr. bekannt geworden ist, in seinem Buch „Voices of the Rocks" (Zusammen mit Robert Aquinas McNally; New York 1999) schreibt, dass er aufgrund einer Voruntersuchung zu dem Ergebnis gelangte, dass Yonaguni eine natürliche Struktur ist,

---

[64] Die Jōmon-Kultur bezeichnet eine von 14.000 bis 300 v. Chr. andauernde Phase in der Vorgeschichte Japans.

[65] Als Ainu bzw. Aynu, seltener Aino, werden die Ureinwohner des nördlichen Japans bezeichnet. Genetische und anthropologische Untersuchungen legen nahe, sie als direkte Nachfahren der prähistorischen Jōmon-Kultur zu betrachten.

die aber immerhin von Menschen bearbeitet worden sein müsse.

Wie wir bereits gesehen haben, geht Kimura hier deutlich weiter. So heißt es auf

https://atlantisforschung.de/index.php?title=Die_unterseeischen_Ruinen_von_Taipei

nach: The History Channel (Urheber) / Staroslav Gazerova

(*https://www.youtube.com/watch?v=6DC5ROzp5x8*),

„Japans mysteriöse Pyramiden, Teil 2 (Video) "

„Aber auch archäologische Entdeckungen im Ostchinesischen Meer, so etwa bei den Penghu-Inseln in der Straße von Taiwan, speziell aber der vor der heutigen Küste der zu Japan gehörenden Insel Yonaguni im Meer versunkenen Anlagen, sprechen für die Historizität dieser vermuteten Urzeit-Kultur. So kommt auch Prof. Masaaki Kimura, seit Jahrzehnten der hartnäckigste und engagierteste Erforscher des faszinierenden Unterwasser-Komplexes, zu dem vorsichtig formulierten Schluss: ‚Yonaguni könnte ein deutlicher Hinweis darauf sein, dass es Mu tatsächlich gegeben hat.'"

(Zitat im genannten Video ab 4:43 Min)

Eine deutliche Aussage.

ÜBERRESTE VON LEMURIA AUF MAURITIUS?

Am 01.02.2017 berichtete Christoph Seiler in seinem Artikel „Uralt-Kontinent versteckt sich unter Tropeninsel“ auf der Seite

https://www.spiegel.de/wissenschaft/natur/mauritius-uralt-kontinent-versteckt-sich-unter-tropeninsel-a-1132712.html

von einem Wissenschaftsteam um den Norweger Trond Torsvik, einem Geowissenschaftler der Universität Oslo, das am Strand von Mauritius vor einiger Zeit nach feinen Steinchen suchte, mit denen es „die Geschichte der Insel neu schreiben“ wollte. In kleinen Lavateilchen konnte das Wissenschaftsteam Zirkon-Halbedelsteine nachweisen, die ein Hinweis dafür sein könnten, dass unter der Insel Reste eines uralten bisher unbekannten Kontinents liegen.[66] Was das „unbekannt“ anbetrifft, so können wir das insofern relativieren als wir wissen, dass nach einigen Meinungen Lemuria im Indischen Ozean lag, wie wir bereits gehört haben.

---

[66] s. *https://www.nature.com/articles/ngeo1736.epdf?referrer_access_token=l8iz-bHieUOv6ngalDX57WtRgN0jAjWel9jnR3ZoTv0M8gRkFD9afOxo4M6VRTEfqths72TFLLut6QPyc_tlfegGLzSLlgUYrLz8xsqVFFDiTluR2beAb3aOBUaiFeSzBpPhaWhju-VzBLO9Hfy-FiqRVvN32T68nyEH4WlkUadzGRdpwsEQYq5vFINO0tybRuocuDfJk3eJz0mVbr3Byzsrhbwq-uAGesF8Ec-qHiPbwRoAo1efQnF8JwOpcxp O6kHmF9DoW6llrSxnE-bjuOzjGDwJ2lhSFgCWwOdAlalg%3D&tracking_referrer=www.spiegel.de*

Seidler spricht eine weitere Akademikergruppe an, die sich des Problems annahm und zu der neben Torsvik auch Michael Wiedenbeck vom Deutschen GeoForschungsZentrum in Potsdam und Lewis Ashwal von der University of the Witwatersrand in Südafrika gehörte, die die These vom versunkenen Kontinent stützten. Sie sind der Meinung, dass die Insel die Reste eines Kontinents bedecke, der drei Milliarden Jahre in die Erdgeschichte zurückweise.[67] Die Gruppe habe Gestein analysiert, das – im Gegensatz zur ersten Untersuchung – nicht vom Strand stamme, sondern von einem Felsen im Osten der Insel, wo etwa ein Kilogramm des Vulkansteins Tachylit abgeschlagen wurde.

Bei einer Analyse fanden sie 13 Zirkone[68]. Das Gestein, in dem die Zirkone eingebettet waren, habe sich vor etwa sechs Millionen Jahren gebildet, die Halbedelsteine in ihm seien einer Uran-Blei-Analyse zufolge bis zu drei Milliarden Jahre alt. Die Wissenschaftler argumentieren dahingehend, dass sich die Zirkone im Granitgestein gebildet haben dürften, das ein Kontinentalgestein ist und auf eine kontinentale Erdkruste hinweise. Demzufolge müsste tief unter der Insel ein Kontinent verborgen sein.

Damit wäre die bisher geltende Annahme, dass Mauritius eine junge und durch Vulkanismus entstandene Insel sei, überholt.

---

[67] S. https://www.nature.com/articles/ncomms14086

[68] Zirkon ist ein Zirkonium enthaltendes, meist braunes oder braunrotes, durch Brennen blau werdendes Mineral, das als Schmuckstein verwendet wird. Zirkonium ist ein wie Stahl aussehendes, glänzendes, als säurebeständiger Werkstoff verwendetes Metall (chemisches Element Zr)

Bestätigt wird die These dadurch, dass die Erdkruste unter Mauritius ungewöhnlich dick ist. Wiedenbeck wird mit folgenden Worten zitiert:

> „Unsere Studie zeigt, dass die vermeintlich homogene ozeanische Kruste längst nicht so einheitlich ist wie angenommen. Vielmehr verbergen sich unter dem Meeresboden immer wieder Bruchstücke von alten Kontinenten. Wir müssen sie nur entdecken."

Vom modernen Paradigma offensichtlich wenig beeindruckt, schließt Seider mit den Worten:

> „Dass zumindest Teile scheinbar allein vulkanisch entstandener Inseln auf Resten alter Kontinente liegen, kennen Wissenschaftler auch aus anderen Teilen der Welt: So gibt es geologische Hinweise darauf, dass der Südosten Islands auf Überbleibseln des Mikrokontinents Mayen liegt. Auch unter Jamaika, Hispaniola und Kuba soll ähnliches Uraltgestein verborgen liegen."

Dieser Bericht ist sehr interessant für die Vertreter der Theorie – zu denen auch ich mich zähle –, nach der die Azoren-Inseln die Berggipfel des sagenhaften versunkenen Kontinents Atlantis sind, denn auch von ihnen wird gesagt, dass sie „junge und durch Vulkanismus entstandene Inseln" sind. Aber vielleicht liegt man ja auch hier falsch und Atlantis besaß – wie es im Übrigen Otto H. Muck in seinem Buch *„Atlantis – Die Welt vor der Sintflut"* sagt – eine Kontinentalkruste und war somit ein „echter" Kontinent...

Was die These betrifft, dass Lemuria nicht im Pazifik, sondern im Indik lag, wird auch von manchen Esoterikern vertreten. Einige sprechen sogar von *zwei* verlorenen Kontinenten namens Mu bzw. Lemuria. Dann wollen wir doch mal sehen, was sie zu sagen haben ...

LEMURIA ESOTERISCH BETRACHTET

Bernhard Beier nähert sich in seinem Artikel „Das Lemuria der Esoteriker und Okkultisten" auf der Seite

http://atlantisforschung.de/index.php?title=Das_Lemuria_der_Esoteriker_und_Okkultisten

diesem Thema und stellt fest, dass die theosophische (und später auch anthroposophische) Esoterik (Auf sie kommen wir gleich zu sprechen.) Mitte bis Ende des 19. Jahrhunderts entstand und neben dem Atlantis- Motiv auch die Vorstellung eines mythischen Urkontinents im Pazifik begierig aufgriffen hat, wobei sich Autorinnen und Autoren wie Mme. Blavatsky, W. Scott-Elliot und Rudolf Steiner sich offenbar überall dort, wo sich etwas für ihre Zwecke brauchbares finden ließ, bedienten.

Er schreibt:

> „So stellen ihre Atlantis- und Lemuria-Szenarien eine krude, bisweilen recht unterhaltsame, doch häufig enervierende [=zermürbende; Anm. RMH] Mixtur aus mythologischen Anleihen (z.B. aus der vedischen Literatur Indiens), atlantologischen und (schul-) wissenschaftlichen Versatzstücken (wie dem Begriff ‚Lemuria') sowie aus Material dar, das wir durchaus in die Rubrik ‚Fantasy' einstufen dürfen. Die meisten okkulten Lemuria-Exegeten [=Lemuria-Deutern, Anm. RMH] nehmen jedenfalls ‚übersinnliche' Kräfte und Kontakte zu überirdischen Wesenheiten für sich in Anspruch, um ihre schillernden Geschichten zu legitimieren.
>
> Dabei entspricht das ursprüngliche Lemuria-Bild der Theosophen, Anthroposophen und anderer derartiger Glaubens-Systeme, wie wir sehen werden, keineswegs dem Utopia-Klischee glücklicher Menschen eines weit prähistorischen

‚Goldenen Zeitalters', die inmitten von Magie und High-Tech ein sorgloses Leben auf einem sonnenüberfluteten Kontinent im ‚Stillen Ozean' führten: Es ist, um es deutlich zu sagen, weitaus skurriler und bizarrer! Da tummeln sich auf halbstofflichen und -materiellen Kontinenten ätherische Wesen und körperlich werdende ‚Wurzelrassen', amöbenartige ‚Polarianer', Eier legende ‚Lemurier' und ähnlich groteske Wesenheiten, bei denen es sich um frühe Vorfahren des modernen Menschen handeln soll."

Beier schreibt weiter, dass menschliches Leben, wie wir es heute kennen, während der frühen ‚lemurischen Ära'[69] schon aufgrund der Umweltverhältnisse unmöglich gewesen sei. So sei die Erde z.B. nach Steiner zu dieser Zeit noch eine Art nicht völlig verstofflichter Proto-Planet mit hohen Temperaturen gewesen, von dem sich der Mond noch nicht abgelöst hatte. Außerdem sei der moderne Mensch in der „esoterischen Anthropogenese und in ihrem System der ‚Wurzelrassen'" auf Lemuria noch nicht vorgesehen gewesen.

---

[69] Beier merkt dazu an: „Die genaue chronologische Einordnung der von Esoterikern postulierten, Jahrmillionen währenden, lemurischen Periode in das konventionelle Schema der Erdgeschichte erscheint kaum möglich. Die betreffenden, unklar formulierten Angaben lassen sich (erst recht, wenn Aussagen unterschiedlicher Interpreten synchronisiert werden müssen) kaum auf einen Nenner bringen, sodass selbst Anhänger eines gemeinsamen esoterischen Lemuria-Konzepts bei der Exegese derselben Quelle zu sehr unterschiedlichen Ergebnissen kommen können."

Weiter schreibt Beier:

„Erst mit dem Aufkommen der New-Age-Esoterik in den 1960er/1970er Jahren wird das okkulte Lemuria zum ‚esoterischen Rummelplatz', zu einem Massenphänomen, das ein greifbareres – wenn auch kitschiges – Lemuria-Bild notwendig macht, mit dem sich die Kinder des Raketen-Zeitalters identifizieren konnten. Dem veränderten Bedarf einer jüngeren, größeren und heterogeneren Esoterik-Gemeinde entsprechend, die fernöstliche Spiritualität neu und unabhängig von den ‚Klassikern' des Okkultismus erlebte, ein anderes Verhältnis zur Sexualität hatte als die Generation ihrer Großeltern und mit Hollywood-Filmen groß geworden war, wurde Lemuria nicht weniger ‚spirituell', aber als eine Art neues Utopia präsentiert."

Beier meint, dass auch eine aufkeimende Sehnsucht nach heiler, unberührter Natur bei neueren Lemuria-Visionen eine Rolle gespielt haben könnte, wenn wir zum Beispiel die paradiesischen Verhältnisse zugrunde legten, die Glenda Green angeblich von „Adama und Ahnahmar von Telos" gechannelt bekam und „unter ihrer Anleitung" in einem Gemälde wiedergegeben hat. Und ein anonymer Autor erklärt in romantischem Überschwang: ‚Lemuria ist unsere erste Erinnerung an unsere frühe Existenz auf dem Planeten Erde. Diese Existenz war in völliger Harmonie mit uns selbst und unserer Umgebung, der Natur und den Elementen, dem Universum, mit Gott / Göttin, Allem, was ist. Es war ein Goldenes Zeitalter, das Paradies oder der Garten Eden'."[70]

Andererseits hat Beier zufolge von nun an auch das Element technologischer „Super-Zivilisationen" einigen Raum in der New-Age-Esoterik eingenommen, was Neuschöpfungen notwendig machte, die auch wissenschaftliche bzw. grenzwissenschaftliche Theoreme der zweiten Hälfte des 20. Jahrhunderts verarbeiteten. Und so wurde von einer Wesenheit namens „Seth" (angeblich) dem Medium Jane Roberts gechannelt:

> „Auf eurem Planeten war die Menschheit lange vor Atlantis in drei spezifische Zivilisationen verwickelt, während euer Planet sich noch in einer etwas anderen Position befand. Die Pole waren umgekehrt, was übrigens während drei langer Perioden in der Geschichte eures Planeten der Fall war.[71] Die Zivilisationen waren hoch technologisch, die zweite davon war der eurigen in dieser Hinsicht haushoch überlegen." (Beier nach Rolf B. Röttges, „Atlantis ist mitten unter uns – Die ersten Funde über Atlantis", A.U.V.-Verlag, Krefeld, 1. Aufl. 1992, S. 77)
>
> „Über eine dieser Uralt-Zivilisationen [...], über die wir bei den okkulten Klassikern freilich ebenfalls nichts erfahren (zu deren Zeiten gab es Frau Roberts ja auch noch nicht...), heißt es bei

---

[70] Als Quelle gibt Beier „Anonymus, ‚Lemuria - The Lost Continent', online unter http://www.magakiru.com/esoterikwissen/lemuria_2.htm (nicht mehr online)" an

[71] Beier merkt dazu an: „Solche Polwende-Szenarien werden wir natürlich bei Blavatsky, Steiner und anderen Autoren der ‚Alten Garde' der Atlantis- und Lemuria-Esoterik vergeblich suchen. Von wem hätten sie Entsprechendes zu ihrer Zeit auch abschreiben sollen?"

‚Seth': ‚Die Zivilisation nannte sich Lumania und lebte inmitten primitiver Völker, von denen sie sich jedoch durch undurchdringliche Magnetfelder abschirmte. Bei ihnen wurde der Ton als hilfreiches Mittel eingesetzt und diente zur Beförderung von Gewichten und Massen sowie zu jeglicher Art der Fortbewegung. Ihre Städte lagen überwiegend unter der Erde.'

Die künstlerische Ausdrucksform ist uns genauso fremd wie die atlantische. Sie war der unseren weit überlegen und nicht so einseitig. Deshalb ist sie auch schwer zu erklären. Eine Gerade war nicht nur eine visuelle Linie, sondern beinhaltete eine unendliche Vielfalt von Unterscheidungen und Einteilungen. Eine Tierzeichnung konnte neben dem objektiven Eindruck durch Kurven, Ecken und Linien auch noch die ganze Lebensgeschichte des Tieres beinhalten. Farben wurden als gefühlsmäßige Abstufungen empfunden und Linienabstände als normale Tonpausen empfangen."

schreibt Beier (nach Röttges 1992. S. 54, 55) weiter.

Auch die New-Age-Esoterik beziehe ihre „Informationen" über Lemuria aus „übersinnlichen Quellen", meint Beier. Während im 19. Jahrhundert noch spiritistische Techniken oder schlicht „Hellsichtigkeit" bemüht worden seien, um die Kommunikation mit anderen Sphären in Gang zu bringen, würden berufene Menschen im Zeitalter des (Post-)New Age per „Channeling" das Jenseits kontaktieren und – angeblich – mit kosmischen Wesenheiten kommunizieren. Beweiskraft komme den Aussagen derartiger „Entitäten" freilich auch via „Channeling" keine zu, gleichgültig, ob es sich bei ihnen nun um namenlose „normal-unsterbliche" Seelen handele (z.B. E. Cayces jenseitige Informanten) oder um höhergestellte Persönlichkeiten des spirituellen Universums, wie „Adama und Ahnahmar von Telos" oder „Seth".

Der Wissenschafts-Historiker und -Kritiker Dr. Horst Friedrich, der selbst keineswegs einer typisch materialistischen Weltsicht verhaftet ist, bemerkt Beier zufolge in seinem Essay „Atlantis, MU, Lemuria" – Gab es eine Ur-Zivilisation? (Dr. Horst Friedrich, ATLANTIS, MU, LEMURIA – Gab es eine Ur-Zivilisation? „Atlantisforschung.de", 2003/2009)?" dazu:

> „Vorsicht ist in diesem Zusammenhang besonders vor Publikationen geboten, die auf heute sogenannten (medialen) ‚Channeling'-Durchgaben beruhen! Zwar ist theoretisch im Prinzip nichts dagegen einzuwenden, auch ‚esoterische' Techniken, etwa das Pendeln und Rutengehen, zur Ergründung prähistorischer Tatbestände einzusetzen.
>
> Dieses hat aber mit der allergrößten Umsicht zu geschehen und speziell bei ‚Channeling'-Publikationen ist die Wahrscheinlichkeit ausgesprochen groß, dass es sich bei den vermeintlichen ‚Durchgaben' angeblicher alter Atlanter oder höherer jenseitiger Wesenheiten um Mumpitz handelt. Wer sich etwas davon verspricht, mag diese meist außerordentlich langatmigen ‚Durchgaben' immerhin lesen. Man wird allerdings in den allermeisten Fällen hinterher entdecken, dass man seine Zeit vergeudet und nichts Brauchbares dafür erhalten hat."

Deshalb rät er „generell davon ab, Channeling-Durchgaben respektive deren Angaben zu weit prähistorischen Hochkulturen in die seriöse Erforschung unseres Themas einzubeziehen. Es mag Ausnahmen geben, die interessante Anregungen geben, etwa die Trance-Mitteilungen des berühmten Edgar Cayce, von dessen gesundheitlichen Ratschlägen immer wieder berichtet wird, dass sie weltweit vielen Menschen geholfen haben sollen." (Ebd.)

„Auch daran", schreibt Beier weiter, „so Friedrich weiter über Cayce, ‚dass bei ihm öfters von vergangenen Inkarnationen der Fragesteller in prähistorischen Hochkulturen die Rede ist, kann man kaum Anstoß nehmen, da ja heute die uralte Reinkarnationslehre auch im Westen von vielen Menschen als Faktum akzeptiert wird. Dennoch aber haben wir nicht die allergeringste Garantie, dass Cayces Angaben zu Atlantis und den technologischen Errungenschaften der Atlanter, oder seine Datierungen, auch nur halbwegs zutreffen.'" (Ebd.)

Grundsätzlich möchte ich zu den bisherigen Ausführungen Beiers und Friedrichs entgegenhalten, dass gewisse Dinge im Rahmen der Übersinnlichkeit durchaus möglich sein können und mit hoher Wahrscheinlichkeit auch möglich sind. (Telepathie, Hellsicht etc.) Möglicherweise basieren Berichte über Levitation insbesondere das mysteriöse Anheben von Steinen etc. auf einer einst bekannten Anwendung der „Antigravitation". (S.

https://de.wikipedia.org/wiki/Antigravitation)

Was die angesprochenen Szenarien über Poländerungen betrifft, so steht heute zumindest fest, dass in der Vergangenheit sogar Veränderungen der geographischen wie auch der magnetischen Pole[72] stattgefunden haben. (s. Cayce, Evans Edgar; Cayce-Schwartzer, Gail; Richards, D. G.: „Das Atlantis-Geheimnis", München 1990, S. 121f.)

---

[72] Der geographische Nordpol liegt in der Nähe des magnetischen Südpols und umgekehrt.

Helena Petrovna Blavatsky, die in den 1870er Jahren gemeinsam mit Henry Steel Olcott die okkulte Gemeinschaft der Theosophen, „eine religiöse Erneuerungsbewegung, die hauptsächlich auf Grund der Schriften von Helena Petrowna (‚Madame') Blavatsky (1831 - 1891) entstand,", wie Beier anmerkt, aufbaute, und die hauptsächlich in den USA lebte und in der Ukraine geboren war, wendete sich, wie Beier in seinem Artikel „Die Theosophen und Lemuria" auf

http://atlantisforschung.de/index.php?title=Die_Theosophen_und_Lemuria

vermerkt, ursprünglich nur gegen, „die „rationalistische und materialistische Kultur der modernen westlichen Zivilisation" und habe dieses mit Hilfe von Sekundärquellen „der heidnischen Mythologie und der Mysterienkulte, des Gnostizismus, der ‚Hermetica', der Arkantradition der Renaissance, der Rosenkreuzer und anderer geheimer Bruderschaften" begründet. Anfangs habe sie „das alte Ägypten" als die Quelle aller Weisheit angesehen. Dabei sei sie offenbar hauptsächlich durch die okkulten Romane des spätromantischen englischen Schriftstellers (und Politikers) Sir Edward Bulwer-Lytton inspiriert worden.[73]

Und weiter schreibt der unermüdliche Forscher:

> „Spätestens bei einem längeren Indien-Aufenthalt, Anfang der 1880er Jahre, stieß Blavatsky auch auf die faszinierenden

---

[73] Als Quelle gibt Beier hier „*Quelle:* Anonymus, Rechtsextremistisches und Völkisches der Gothic-Szene, 2. Theosophie und Ariosophie, online unter *http://www.fortunecity.de/kraftwerk/bauhaus/149/html/diplomarbeit2.htm"* an.

Hindu-Epen mit ihren Berichten über weit prähistorische Zivilisationen und über Machtkämpfe und Kriege zwischen Göttern, Dämonen und Menschen. Dort entdeckte sie vermutlich auch alte Überlieferungen, die von einem Kontinent berichten, der vor Äonen im Indischen Ozean versunken sei. Zurück in der ‚Westlichen Welt', baute sie das Motiv versunkener Zeitalter, Menschheitskulturen und Kontinente – inklusive Atlantis und Lemuria – in ihr ‚theosophisches' Welt- und Urgeschichts-Bild ein.

Lyon Sprague de Camp schrieb 1954 darüber: ‚Ein paar Hinweise darauf finden sich in ihren Mahatma- Briefen. Später verarbeitete sie dann ihre Lehren in ziemlich konfuser Weise in ihrem Hauptwerk, der *Geheimlehre* [...] Dieses Riesenwerk basiert angeblich auf dem *Buch des Dzyan*, von dem ihr im Zustand der Trance in der Begegnung mit ihren Mahatmas von diesen eine Manuskriptkopie gezeigt wurde, die auf Palmblättern niedergeschrieben worden war. Das Buch, so wird uns mitgeteilt, sei ursprünglich auf Atlantis verfasst worden ...[74]

Im bereits erwähnten Artikel Anonymus, Rechtsextremistisches und Völkisches der Gothic-Szene, 2. Theosophie und Ariosophie" heißt es über die 1888 erschienene „Geheimlehre", dass sie ‚angeblich ein Kommentar [zum] ‚Buch Dzyan' sein soll, dass sie in einem Kloster im Himalaya gefunden haben will.'"

---

[74] Als Quelle gibt Beier „Lyon Sprague de Camp, Versunkene Kontinente, Wilhelm Heyne Verlag, München, 1977 (Erstveröffentlichung: USA, 1954), S. 65" an.

Der Arbeitskreis Konstanz der Theosophischen Gesellschaft schreibt Beier zufolge über das ‚Buch Dzyan' im Internet:

„Vor 80.000 Jahren bis vor unserer Zeitrechnung blühte in Zentralasien von Tibet bis zum Tal von Tarin eine Zivilisation, in der ‚Götter'- Initiierte, sich inkarnierten, um die Quellen der Weisheit aufzuzeichnen. Eines dieser Bücher ist ‚das Buch Dzyan', wobei über das Alter nichts genaueres bekannt ist. Dieses Buch beschreibt die kosmische (Kosmogenesis) und die menschliche (Ant[h]ropogenesis) Entwicklung unserer Erde und Mensch. Einige Manuskripte sollen noch heute (1999) im Besitz von tibetischen Klöstern sein, welche bis vor der Vertreibung des Dalai Lama in Shigatse, waren. Man weiß heute [sic!; bb], dass die Tibeter ihren ganzen Bücherschatz entweder nach Indien oder in die Schweiz (Rikon) transportiert haben, um sie vor der Zerstörung zu bewahren. Es ist also anzunehmen, dass die von Frau Blavatsky genannten Exemplare noch heute existieren."

(Beier nach: Anonymus, „Quellen der Theosophie - Das Buch Dzyan", DIE THEOSOPHIE - Blavatsky Netz, Webseite der Theosophischen Gesellschaft - Arbeitskreis Konstanz, online unter

http://www.8-pfad.de/konstanz/quetheo.htm

und merkt dazu an: „Die Schreibfehler wurden aus dem Original übernommen."

Beier zitiert nun weiter aus derselben Quelle:

„Das Buch Dzyan ist in Sensar (oder Senzar) geschrieben, eine Priestersprache. Frau Helena Petrowna Blavatsky übersetzte dieses Buch und gab einen Kommentar heraus, welchen sie „Die Geheimlehre" nannte. Da die im Buch Dzyan verfasste Sprache zu alt ist, musste Frau Blavatsky sie – nach ihren Angaben – an den heutigen Sprachschatz anpassen. [sic!; bb] Dadurch wurde das Buch Dzyan für uns lesbar."

Und weiter stellt Beier fest, dass wir auch ohne dieses ominöse Buch in der altindischen Literatur etwas über „Lemuria“ erfahren. Natürlich würden wir dort vergeblich unter diesem Namen suchen, sagt Beier, aber da sich Blavatskys versunkener Kontinent – und der anderer früher Theosophen – im Indischen Ozean befunden haben soll, dürfe man ihr vermutlich die alt-tamilischen Berichte über eine kontinentale Landmasse namens Kumari Nadu zugetragen haben. Darin ist von einem Kontinent die Rede, der den Indischen Ozean beinahe ausfüllte und Indien mit Australien und Madagaskar verbunden haben soll.

So folgert Beier:

> „Daher ist anzunehmen, dass ihre Quellen nicht in ‚Sensar‘, sondern schlicht in Sanskrit abgefasst waren. ‚Lemuria‘ gehörte bereits zur klassischen Hindu-Literatur!“

Beier setzt nun voraus, dass Mme. Blavatsky durch indische Mythen zu ihren „Lemuria“- und „Atlantis“-Adaptionen inspiriert wurde, und für ihre fiktive Erd- und Menschheits-Geschichte und vermutlich auch auf mehrere europäische bzw. nordamerikanische Autoren zurückgriff, die dieses Thema für sich entdeckt hätten. Über diese Ideen-Geber bemerkt Beier zufolge Sprague de Camp:

„Blavatskys Lehren von versunkenen Kontinenten scheinen vor allem auf den Werken von Donnelly[75], Harris und Jacolliot[76] zu basieren. Ihr Zeitgenosse Thomas Lake Harris war Dichter, Ex-Priester der Universalisten und gegen Mitte des vorigen [des 19.; d. Red.] Jahrhunderts Mitarbeiter des Spiritistenführers Andrew Jackson Davis. [...] Harris' umfangreiches schriftstellerisches Werk stellt – wie das von Mme. Blavatsky – eine Mischung von indischem und westlichem Okkultismus dar." (Beiers Quelle: *Quelle*: L. Sprague de Camp, op. cit., S. 68)

Deutlich wird Beier zufolge der phantasievollen Nutzung des altindischen Kumari Nadu-Komplexes auch am Beispiel Jacolliots, über den Sprague de Camp vermerke:

---

[75] Ignatius Loyola Donnelly war ein US-amerikanischer Jurist und Kongressabgeordneter für die Populist Party. Hauptsächlich bekannt wurde er durch seine Theorien zu Atlantis. seinem 1882 erschienenen Buch „Atlantis, the Antediluvian World" (dt.: *„Atlantis, die vorsintflutliche Welt"*), 1911, vermutete er einen im Nordatlantik untergegangenen Kontinent als Ort des vom griechischen Philosophen Platon beschriebenen Atlantis. Donnelly glaubte, dass er in prähistorischer Zeit durch einen verheerenden Vulkanausbruch im Meer versank und nun nur noch die Berggipfel aus dem Wasser ragten – die Azoren. Einige Bewohner von Atlantis hätten die Katastrophe überlebt und seien in verschiedenen Gruppen nach Europa und Mittelamerika geflohen. Dort hätten sie den „primitiven Ureinwohnern" die Kunst des Schreibens, der Metallurgie und des Pyramidenbaus gebracht, den er – neben verschiedenen Sintflutmythen – als Beleg für die von ihm angenommene Landbrücke zwischen Afrika und Amerika anführt

[76] Louis Jacolliot war ein französischer Konsul in Kalkutta während des zweiten Kaiserreichs, Autor und Indologe. Er lebte mehrere Jahre in Asien. Unter seinen Werken finden sich Studien über die indische Kultur und Religion, Abenteuerromane, sowie eine Übersetzung der Manusmṛti, einem indischen Text, dessen Titel mit „Gesetzbuch des Manu" wiedergegeben wird

„Louis Jacolliot (1837-1890), [...] von dem Mme. Blavatsky ebenfalls profitierte, hatte auf einer Reise durch Indien eine Sammlung von Sanskrit-Mythen zusammengestellt und sie nach seiner Rückkehr nach Frankreich in einem Buch veröffentlicht. Ihm zufolge berichten die Hindu-Sagen von einem Kontinent *Rutas* im Indischen Ozean, der in den Wassern versank. Für Jacolliot war dies ein früherer Kontinent im Pazifik, der die polynesischen Inseln miteinschloss. Von hier aus sei die menschliche Zivilisation ausgegangen. Vom Untergang dieses Kontinents gebe Platos Atlantis-Erzählung lediglich einen Abklatsch. Als Rutas versank, seien andere Länder, wie etwa Indien, aus dem Meer emporgetaucht." (Beiers *Quelle*: Ebd., S. 69)

Allerdings hätten, wie Beier weiter feststellt, im Gegensatz zu Jacolliot und Donnelly die theosophischen Lemuria-Exegeten ihre mythologischen Quellen nicht offengelegt, sondern gewöhnlich „Nebelkerzen" geworfen, um einen übersinnlichen Ursprung ihrer skurrilen Phantasien vorzugaukeln. Als Beleg für diese Feststellung gibt Beier folgendes Zitat an:

„Der englische Theosoph W. Scott-Elliot, der angab, er habe sein Wissen von den theosophischen Meistern durch ‚astrales Hellsehen' erhalten, schreibt in ‚The Story of Atlantis & The Lost Lemuria (1896)', dass sexuelle Aktivitäten der Lemurier die spirituellen Wesen, Lhas, so aufregten, dass sie sich weigerten, dem kosmischen Plan zu folgen, die Ersten zu werden, die sich in den Körpern von Lemuriern reinkarnierten. Scott-Elliot lokalisierte sein Lemuria nicht nur im Indischen Ozean: Er beschrieb, es habe sich von der Ost-Küste Afrikas über den Indischen UND den Pazifischen Ozean erstreckt." (Beiers *Quelle*: Anonymus, „A Short History of Lemuria", online unter

http://www.hawaiian.net/~larryw/html/lemuria.html ")

Scott Elliot und andere theosophische Schriftsteller wie Alfred Percy Sinnett und Annie Besant, die Nachfolgerin von Mme. Blavatsky, haben Beier zufolge deren skeletthaften Bericht von verschwundenen Kontinenten mit Substanz gefüllt, wie er Sprague de Camps Buch (S. 80) entnimmt.

Davon abgesehen, hätten auch vereinzelte Protagonisten anderer okkulter Richtungen zum Esoteriker-Mythos „Lemuria" beigetragen. Dies gelte zum Beispiel für John Ballou Newbrough, einen Zeitgenossen von Madame Blavatsky. Bevor er sich als Autor des okkulten Buches „Oahspe" – von dem wir ja bereits gehört haben – betätigt hätte, in dem er seine Vision einer vorsintflutlichen Erde vorstellt, hätte Newbrough bereits Karrieren als Goldgräber, Mediziner, Zahnarzt und spiritistisches Medium hinter sich.

Bei L. Sprague de Camp heißt es Beier zufolge über „Oahspe":

> „In diesem Buch wimmelt es von ganz außerordentlichen Fehlinformationen (so soll zum Beispiel Thot den mohammedanischen Glauben begründet haben) und nicht in Erfüllung gegangenen Prophezeiungen wie diesen, dass in Bälde alle Menschen die Religion, der sie angehörten, verlassen würden, um sich Newbroughs pazifistischen und vegetarischen Jehova-Anhängern anzuschließen. Newbrough versicherte, dass das Buch ihm von Engeln eingegeben worden sei und er es psychographenartig aufgeschrieben habe." (Beiers *Quelle*: Ebd.)

Über Newbroughs individuelle Version von „Lemuria" schreibt Sprague de Camp Beier zufolge zudem:

> „Oahspe enthält eine Karte, die die Erde in vorsintflutlicher Zeit zeigt. Darauf ist ein riesiger dreieckiger Kontinent abgebildet, der den ganzen nördlichen Pazifik ausfüllt und dem der

> Autor den Namen *Pan* gab. Er veröffentlichte ferner ein sogenanntes Pan-Lexikon und ein Pan-Alphabet, das zum überwiegenden Teil aus kleinen Kreisen und Mustern besteht. Seine Lehren werden von seinem Nachfolger Wing Anderson mehr ins Einzelne gehend ausgelegt [...] Die Menschheit, so Newbrough und Anderson, trat vor 72.000 Jahren in Erscheinung, als sich die Engel auf Erden materialisierten, sich mit einem seehundartigen Tier, dem A'su, kreuzten und die Ihin zeugten.
>
> Diese wiederum begatteten sich mit den A'su und brachten die Druk hervor. Die Druk ihrerseits mischten sich mit den I'hin, wobei die Ghan entstanden – wir. Die afrikanischen und asiatischen Völker sind Reste der Druks. Anderson zeigt in einer Tabelle, welche Anteile an Engel-Blut jede dieser Rassen hat, wobei er allerdings die Werte etwas durcheinandergebracht zu haben scheint. Pan oder Mu verschwand vor 24.000 Jahren von der Bildfläche, aber es wird bald wieder aus dem Pazifik emporsteigen und dann von der kosmischen Rasse bewohnt werden, die aus der Vereinigung aller gegenwärtigen Rassen entstehen wird. Das Goldene Zeitalter wird bereits 1980 [sic; bb] anbrechen." (Beiers *Quelle*: Ebd.)

Nun ja, das Goldene Zeitalter ist 1980 wahrlich nicht eingetroffen, was an dem Zitat für uns aber noch wichtiger ist, ist der Hinweis auf den angeblichen Kontinent Pan, auf den Susan Martinez, wie im Kapitel „Das Märchen vom verlorenen Kontinent Pan" dargestellt, sich beruft. Doch hören wir weiter in Beiers Recherchen hinein.

Er schreibt:

> „Auch Newbrough konstruiert also ein eigentümliches (vergleichsweise krudes) ‚Wurzelrassen-Schema' [s. nach dem

Zitat, Anm. RMH], wie wir es von den theosophischen Autoren kennen. Dieses theosophische Konzept der schrittweisen ‚Menschwerdung' wurde (modifiziert) auch von Rudolf Steiner, dem abtrünnigen Theosophen, der mit seinem Anhang im deutschen Sprachraum ein Schisma der Theosphischen Gesellschaft auslöste und mit Gesinnungs-Genossen die konkurrierende ‚Anthroposophische Gesellschaft' ins Leben rief. Wie wir sehen werden, sind Atlantis und Lemuria auch bei Steiner lediglich Elemente in einem Ideengebäude, das im krassen Gegensatz zu jeder wissenschaftlichen oder auch grenzwissenschaftlichen Betrachtungsweise steht."

Zum Thema „Wurzelrassen-Schema" macht Beier folgende Anmerkung:

„*WURZELRASSEN* = Blavatsky ging davon aus, „dass die Entwicklung des Kosmos in sieben zyklischen Abschnitten von Entstehen und Vergehen verläuft. In jedem Abschnitt gibt es wiederum eine ‚Wurzelrasse', die ebenfalls aufsteigt und verfällt. Die bestehende Menschheit ordnet sie der fünften Wurzelrasse zu, ‚auf einem Planeten, der den vierten kosmischen Zyklus durchlief und dem der Prozess des geistigen Fortschritts noch bevorstand. Die fünfte Wurzelrasse war die arische Rasse, die vorhergehende vierte waren die Atlantier, die größtenteils in einer Flut umgekommen waren, welche Atlantis zerstört hatte'. (...) Die drei früheren Wurzelrassen der jetzigen Planetenrunde waren vormenschlich. Die erste war die astrale Wurzelrasse, welche in einem unsichtbaren, unzerstörbaren, heiligen Land lebte, die zweite, die hyperboräische Rasse, die auf einem später versunkenen polaren Kontinent wohnte. Die dritte, die lemurische Wurzelrasse, lebte auf einem Kontinent im Indischen Ozean. Es ist möglich, dass deren

Position am oder nahe des spirituellen Tiefpunkts des rassischen Entwicklungszyklus war, dass Blavatsky die Lemurier der Rassenmischung und dem daraus resultierenden Fall sowie des Zeugens einer Nachkommenschaft von Monstern beschuldigte. (*Quelle*: Goodrick-Clarke, Nicholas: Die okkulten Wurzeln des Nationalsozialismus, Graz 1997, S. 25 f.) Die heutige Menschenrasse unterteilte sie wiederum in fünf ‚Unterrassen' und stellte an deren Spitze, als hochentwickeltste Rasse, die ‚Arier'. Ein weiteres spezifisches Merkmal der Theosophie ist die Lehre von der Wiedergeburt.", *Quelle*: Anonymus, Rechtsextremistisches und Völkisches der Gothic-Szene, 2. Theosophie und Ariosophie, online unter

http://www.fortunecity.de/kraftwerk/bauhaus/149/html/diplomarbeit2.htm)

Kommen wir jetzt aber auf Mdm. Blavatskys „Konkurrenten" Rudolf Steiner und seine Anthroposophische Bewegung zu sprechen.

In seinem Beitrag „Rudolf Steiner und Lemuria" auf

http://atlantisforschung.de/index.php?title=Rudolf_Steiner_und_Lemuria

geht Beier zu diesem Thema insbesondere auf den Online-Beitrag „The Lemurian Era" (dt. Das lemurische Zeitalter) ein, in dem ein namentlich ungenannter Autor einige wesentliche Aspekte und Einzelheiten aus der esoterischen Lemuria-Adaption von Rudolf Steiner (1861-1925) zusammengetragen habe. Dieser unbekannte Autor beginnt Beier zufolge mit einem kurzen Hinweis auf die Kosmologie Steinerscher Prägung:

„Nach Steiner gab es ursprünglich überhaupt keine feste Materie; und dann kondensierten die Erde und das Sonnen-

System langsam durch die Stadien von zunächst Feuer, dann Luft, dann Flüssigkeit, dann schließlich feste Materie. Bis hin zur frühen lemurischen Periode war die Welt noch nicht so fest wie heutzutage, und die Erde und der Mond waren noch eine einzige große Masse." (Beier nach: *Quelle*: Anonymus, „Lemurian Era".

Beier selbst schreibt weiter:

„Steiner zufolge war ‚das alte Lemuria [...] ein Kontinent zwischen den heutigen Kontinenten Asien, Afrika und Australien, und es wurde von einer völlig andersartigen Menschheit bewohnt. Natürlich stammt die Idee von Lemuria und der lemurischen Wurzel-Rasse ursprünglich von Blavatsky [...], die wiederum von dem Darwinisten Ernst Haeckel aus dem 19. Jahrhundert beeinflusst war, der einen hypothetischen Kontinent vermutet hatte, um die Verbreitung der Lemuren zu erklären! [...] Folglich bildet eine obsolete Wissenschaft die Basis theosophischer, anthroposophischer und New Age->Tatsachen<'." (Beier nach Anonymus, „The Lemurian Era".

Beier stellt zusammenfassend fest, dass Steiner den „frühen lemurischen Menschen als eine Art lediglich halbkörperlicher, amorpher oder quallenähnlicher aquatischer Lebensform, die noch nicht über ein individuelles Bewusstsein verfügte, gewesen sein soll.

„Erst während der lemurischen Ära [...] löste sich der Mond von der Erde. Wie Steiner erklärt, wurde, als der Erde-Mond-Körper immer mehr an Dichte zunahm, ‚die menschliche Substanz, die man heute vorfindet, zu hart und starr, um sich

> inkarnieren zu können.' (Luke 82[77]) Immer weniger menschliche Seelen waren mächtig genug, die härter werdenden irdischen Körper zu benutzen. Schließlich hatte nur ‚ein wichtiges Paar [Adam und Eva à la Steiner?; bb] eine ausreichende Stärke, um die sture Materie zu beherrschen und sich während der Periode auf der Erde zu inkarnieren, als der Mond sich von der Erde löste.' (Luke 83)" (Ebd.)

Beier stellt weiter fest, dass auch andere Esoteriker dieser Variation des biblischen Schöpfungsberichts dienstbeflissen zu gestimmt hätten. So erkläre Paul E. Chu in „Life Before Birth, Life on Earth, Life After Death" auf Seite 98:

> „Die spirituelle Wissenschaft [sic!; bb] bestätigt unabhängig den biblischen Bericht von Adam und Eva." Um begeistert hinzuzufügen: „Das wirft die Frage nach den Verstandes-Kapazitäten bestimmter Anthroposophen auf."

Beier merkt dazu schmunzelnd an: „Von einem empirischen Standpunkt aus stellt sich diese Frage ebenfalls – freilich mit völlig entgegengesetztem Tenor!"

---

[77] Was „Luke 82" bzw. „ 83" bedeuten, bzw. welche konkrete Quelle damit gemeint ist, geht leider nicht aus dem Originaltext hervor; möglicherweise aufgrund eines auf der Seite auftretenden Java-Skript-Fehlers.

Und Beier zitiert munter weiter:

„Es wurde notwendig, die verdichtenden Kräfte aus dem Erde-Mond-[Körper] zu entfernen, der sich noch in einem Wärme-Dampf-Flüssigkeits-Stadium befand ... zur Mitte von Lemuria hin wählte der siebente führende Geist der Form, mit seinem gewaltigen Opfer, seine normale Entwicklung auf der Sonne nicht zusammen mit den anderen aus seiner Hierarchie fortzusetzen, ‚zum Heil der Menschheit eine andere Aufgabe. Dieses Wesen eliminierte die dichtesten der Erde-Mond-Kräfte, zusammen mit der Materie, die mit jenen Kräften verbunden ist und trennte unseren Mond ab, wobei unsere heutige Erde übrig blieb'." (Ebd.)

Weiter heißt es Beier zufolge dazu:

„Dieses Ereignis verursachte eine bedeutende Umwälzung. Die Objekte um den Menschen herum verloren einen Großteil ihrer Hitze. Diese Objekte traten dabei in eine grobere und dichtere Stofflichkeit ein. Der Mensch konnte nun in dieser kühleren Umgebung leben." (ebf., nach Cosmic Memory, S.136[78])

[78] Auch hier wird auf der Seite keine konkretere Quelle angegeben.

Nach dem Auswurf des Mondes war die Erde nun, wie Steiner angibt, in der Lage sich völlig zu verfestigen, schreibt Beier weiter:

> „Zumindest in dieser Beziehung", schreibt unser Anonymus, „steht Steiners Position im Widerspruch zu derjenigen von Blavatsky. Nach Blavatsky ist der Mond übrigens der ‚Korpus' der Erde aus dem vorhergegangenen kosmischen Zyklus, und somit viel älter als die Erde. Steiner zufolge ist der Mond [jedoch] viel jünger als die Erde, und wurde von ihr ausgeworfen. Dies ist übrigens eine, heute widerlegte, Theorie zur Bildung des Mondes, die zu Steiners Zeiten populär war; wir erkennen somit, wie seine angebliche ‚Hellsichtigkeit' sehr häufig eher sein persönliches Bild der Welt reflektiert, als eine objektive Analyse von ihr [...] ist." (Ebd.)

Der bereits zitierte Paul E. Chu trägt in „Life Before Birth, Life on Earth, Life After Death" (Seiten 99-100) mit dem Statement zu unserer Unterhaltung bei, dass ‚die separierten Mond-Kräfte die menschlichen Entitäten gehärtet [waren], und seine [– des Menschen –] Entwicklung in die richtige Bahn gelenkt hatten. Dieser Geist der Form arbeitet seither somit von außerhalb am Menschen, so, wie es auch die Sonnen-Wesen tun. Dieses Wesen ist der [sic!!!; bb] Elohim, der als Jehovah im Alten Testament bekannt ist. Jehovah ist der Regent des Mondes, der die Entwicklung der Menschheit von dieser Sphäre aus leitet.', schreibt Beier (Zitat im Zitat: Anonymus, „The Lemurian Era", weiter, um anschließend munter weiter zu schreiben und zitieren:

> „Weitere Bonmots dazu liefert uns Ann Ree Colton, die den Steinerschen Jehovah ‚als den ‚Herrn der Rasse' [orig.: „race lord"; d. Ü.] bezeichnet, der mit dem Swadhisthana-Chakra und dem Mond assoziiert wird, und der so oft Kriege anzettelt [...]. Ihre Assoziation von Jehovah mit dem Mond scheint auf

> einen Einfluss – entweder Steiners oder der Theosophie – hinzudeuten (auf jeden Fall sind theosophische Konzepte in ihrem Werk erkennbar, und ihre Beschreibung der Aura ähnelt erstaunlich der von Leadbeater[79]). So heißt es bei ihr: ‚Nach der Loslösung des Mondes stieg die Substantialität an ... Während der lemurischen Epoche nahm der Mensch eine Form an, die es ihm ermöglichte, sein viertes Prinzip, das Ego, auszubilden. Das Ego war ein Geschenk an die Menschheit von den sechs führenden Geistern der Form, welche die Sonne zu ihrer Handlungs-Sphäre gemacht hatten. Sie opferten ihre Substanz, das kosmische Ego, und gaben dem Menschen einen ›Tropfen‹ dieses Ego. Die Gesamtheit dieser sechs Sonnen-Wesen wird in unserem Zeitalter *Christus* genannt'."(Ebd.)

Beier zitiert an dieser Stelle wieder den Autor von „The Lemurien Era", der Beier zufolge sagte:

[79] Charles Webster Leadbeater war Priester, Theosoph und Okkultist. Bekannt wurde er als Propagator Jiddu Krishnamurtis, den er als den wiedergeborenen Christus vorstellte. Anfang des 20. Jahrhunderts war er einer der führenden und umstrittensten Ideologen der Theosophischen Gesellschaft Adyar.

„Hier haben wir ein gnostisches[80] und manichäisches[81]Konzept, den ‚Göttlichen Funken' als eine Emanation[82] der Götter, oder durch ein göttliches Wesen, zu betrachten, das sich auf der Erde reinkarnierte. In der Kabbalah[83] beispielsweise, speziell im Sohar[84], ist das Neshamah oder die Göttliche Seele ein Funken Binahs, des Göttlichen Verständnisses. Es gibt da eine Unstimmigkeit in Steiners Lehren, der sich an anderer Stelle auf den Kosmischen Christus bezieht, welcher dem Menschen ein individuelles Ego nur [in Verbindung] mit der Inkarnation und Kreuzigung Jesu verleiht. Solche Diskrepanzen kommen sehr häufig in seinen Lehren vor."

---

[80] Gnosis oder Gnostizismus bezeichnet als religionswissenschaftlicher Begriff verschiedene religiöse Lehren und Gruppierungen des zweiten und dritten Jahrhunderts nach Christus, teils auch früherer Vorläufer. Der Ausdruck wird auch für verschiedene Konstellationen verwendet, die in wirkungsgeschichtlichem Zusammenhang mit diesen Gruppierungen stehen oder in den vertretenen Lehren Ähnlichkeiten aufweisen.

[81] Der Manichäismus war eine stark von der Gnosis beeinflusste Offenbarungsreligion der Spätantike und des frühen Mittelalters. Seine organisierte Anhängerschaft war unterteilt in die Elite der „Auserwählten", aus der sich die Amtsträger rekrutierten, und die einfachen Gemeindemitglieder, die „Hörer". Insbesondere von den „Auserwählten" verlangte er Askese und ein Bemühen um die Reinheit, die als Voraussetzung für die angestrebte Erlösung galt.

[82] Das „Hervorgehen" von etwas aus seinem Ursprung, der es aus sich selbst hervorbringt nach metaphysischen und kosmologischen Modellen

[83] Die Kabbala (auch Kabbalah), übersetzt „das Überlieferte", ist eine mystische Tradition des Judentums und bezeichnet sowohl bestimmte („kabbalistische") überlieferte Lehren als auch bestimmte überlieferte Schriften.

[84] Der Sohar gilt als das bedeutendste Schriftwerk der Kabbala.

„Halten wir fest", schreibt Beier weiter:

„,Nach der Abtrennung des Mondes gab es', so Steiner, ‚eine Transformation der menschlichen Form. Jene Organe, welche zuvor der Ernährung und Reproduktion gedient hatten, wurden in Sprach- und Denk-Organe transformiert. [sic!; bb] Der Mensch [begann] aufrecht [zu gehen]. (Cosmic Memory pp.136-7) Hermann Poppelbaum und andere Anthroposophen werfen die interessante Annahme auf, dass das erste Auftauchen von Zweifüßigkeit bei Tieren auf der Erde (bei thecodontischen Reptilien aus dem Trias[85]) tatsächlich eine irdische Reflektion des aufrecht gehenden, ätherischen Menschen gewesen sei!' Unter anderem deswegen ‚identifiziert der Anthroposoph E. Haegmann die zweite Hälfte der lemurischen Epoche eher mit den präkambrischen und frühen paläozoischen Zeitaltern, als (wie Poppelbaum) mit der mesozoischen Ära...' (Zitate im Zitat: Anonymus, ‚The Lemurian Era'.

Steiner beschreibt Beier zufolge „ziemlich ausführlich die Gesellschaft, die von den lemurischen Wesen entwickelt wurde. Diese

[85] Die Thecodontia („Wurzelzähner") sind eine Gruppe von ausgestorbenen Reptilien, die sich vom späten Perm bis zum Ende der Trias (vor ca. 255 bis 200 Mio. Jahren) als erste große Radiation der basalen Archosauria entwickelt haben. Die von Richard Owen 1859 aufgestellte Gruppe umfasste in der Vergangenheit alle Archosaurier, die keiner der abgeleiteten Archosauriergruppen Dinosaurier (einschl. Vögel), Flugsaurier oder Krokodile zuzurechnen waren.

zurückkehrenden Seelen, die zuvor Zuflucht in den verschiedenen planetaren Sphären gesucht hatten, gruppierten sich zu Orakeln, die unter den Namen ihrer Planeten bekannt sind, also als Saturn-, Jupiter-, Mars-, Merkur- und Venus-Mysterien. Steiner erklärt, dass sie alle in der alten Welt zu finden waren und den Beginn der modernen Rassen darstellten. Dies hat all jenen Schwierigkeiten bereitet, die versucht haben, die anthroposophischen und wissenschaftlichen Zeit-Skalen zu integrieren. Generell wird die lemurische Zeit mit dem Mesozoikum[86] (und bisweilen auch mit dem Paläozoikum[87]) gleichgesetzt. Wir wissen natürlich, dass keine menschlichen Fossilien irgendwelcher Art aus diesen relativ frühen Stadien des [...] Lebens gefunden wurden.

Theosophische und anthroposophische Autoren, wie Poppelbaum und andere, argumentieren, dass dies so sei, weil der Mensch (anders als Tiere und Pflanzen) sich in diesem Stadium noch nicht materialisiert hatte, sondern noch auf der ätherischen Ebene existierte. Dies widerspricht jedoch den Aussagen Steiners. Während Poppelbaums Bericht über die lemurische Ära interessant und imaginativ ist [...], deutet Steiners Beschreibung derselben Ära auf eine völlig andere Realität hin.

---

[86] Dieses Zeitalter begann vor etwa 252,2 Millionen Jahren und endete vor etwa 66 Millionen Jahren. Es wird in Trias, Jura und Kreide gegliedert.

[87] Das Paläozoikum, auch Erdaltertum oder Erdaltzeit, ist das älteste der drei Erdzeitalter (Ären), in die das Äon Phanerozoikum innerhalb der geologischen Zeitskala geteilt wird. Es umfasst den Zeitraum von ca. 541 Millionen Jahre bis ca. 252,2 Millionen Jahre vor heute.

Steiner nimmt Bezug auf phantastische und lächerliche Elemente, wie etwa die degenerativen Kräfte, die [angeblich] vom, in Entwicklung befindlichen, menschlichen Bewusstsein produziert wurden, das gewaltige Feuersbrünste auslöste und den Kontinent Lemuria zerstörte (Dies scheint ein Aufguss des theosophischen Mythos von den Atlantern zu sein, welche ihren Kontinent durch Missbrauch ihrer psychischen Kräfte zerstörten.) Aus dieser Perspektive gesehen, als eine Art imaginatives, mythopoetisches und traumähnliches Bewusstsein, erinnert Steiners lemurische Ära ziemlich an die ‚Typhon'- oder ‚Körper-Ego'-Stadien der Psychogenese des transpersonalen Psychologen Ken Wilbers, was nahelegt, dass beide in dieselbe psychomythische Realität hineinstolpern." (Ebd.)

Resultierend stellt Beier aufgrund seiner Recherchen fest, dass es „völlig zwecklos" erscheint, in diesem Wirrwarr aus theosophischen, christlichen sowie anderen Versatz-Stücken seiner Lehre nach brauchbaren Hinweisen auf ein historisches Vorbild für Lemuria zu suchen.

Hier muss man Beier wohl grundsätzlich Recht geben, wenn auch nach meiner Ansicht einiges dafürspricht, dass es tatsächlich in einer früheren Welt, in der Atlantis eine große Rolle spielt und auch Lemuria existierte, psychische (und auch physische!) Kräfte gab, mit deren Zuhilfenahme die einstigen Bewohner dieser Welt von vorgestern die Mittel in der Hand hatten, ihre Welt selbst zu zerstören. (S. hierzu: Horn, Roland M.: Atlantis: Alter Mythos - Neue Beweise: Aquamarin, Grafing 2009.) Diese Annahme wird auch von den „Readings" des „Schlafenden Propheten Edgar Cayce unterstützt, der von den 1920er Jahren bis Anfang 1945 als Heiler und eine Art Lebensberater in Amerika wirkte. Seine Heilerfolge sind unbestritten, und in seinen sogenannten Lebensreadings führte er die Personen, die ihn um Rat ersuchten, in frühere Leben zurück, die sich nicht selten auf

Atlantis oder in einem prädynastischen Ägypten abspielen. Daraus entwickelte sich eine Philosophie, die in vielen Dingen von den Darlegungen der Theosophen und Anthroposophen deutlich abwichen. (S. hierzu: Horn, Roland M.: Erinnerungen an Atlantis. Bohmeier, Lübeck 2001.)

Beier berichtet jedenfalls in seinem Artikel „Edgar Cayce und Lemuria" auf

http://atlantisforschung.de/index.php?title=Edgar_Cayce_und_Lemuria

über den Umstand, dass sich auch in Cayces Readings Informationen über Lemuria finden. William Hutton, ein esoterischer Autor, Geologe (!) und Cayce-Kenner, stellt diese wenig bekannten „Channelings" in seinem beachtenswerten Artikel „Evidence of Lemuria, or Mu" (auf Seite

http://www.huttoncommentaries.com/article.php?a_id=40)

vor, aus dem er zunächst einige Zitate vorstellt, da dieses Material – von meinem Buch „Atlantis: Alter Mythos - Neue Beweise" einmal abgesehen – im deutschsprachigen Raum noch weitgehend unbekannt ist.

Beier schreibt:

> „Die Cayce-Readings beziehen sich unter verschiedenen Namen auf einen verschollenen Kontinent im Pazifik, aber am häufigsten wird er Lemuria genannt. Andere Namen sind Mu, Zu, Lu, und möglicherweise Oz [sic; bb]. Einige davon könnten sich auf Provinzen des Kontinents beziehen, oder auf Teile, die nach einem größeren Zusammenbruch des Landes übrigblieben."

Im ersten dieser drei Readings „...finden wir die Entität in jenem Land, das heute als das amerikanische bekannt ist, während der

Perioden, in welchen Lemuria oder die Lande von Mu und Zu sich im Aufruhr ihrer Vernichtung befanden. Und die Entität war unter jenen, welche [...] in [der Gegend], die nun nicht weit entfernt von jenem Land ist, in welchem die Entität bei diesem Aufenthalt erstmals das Licht erblickte [die Frau, die das Reading angefordert hatte, war in der Gegend von Santa Rosa/Petaluma, Kalifornien, geboren worden; W.H.]. [...Sie] richtete einen Tempel zur Anbetung derjenigen ein, die den Erschütterungen der Erd-Verschiebung während dieser bestimmten Periode entronnen waren. Die Entität etablierte unter dem Namen Oeueou in der Nähe der Gegend, die heute Santa Barbara heißt, den Tempel der Sonne und des Mondes; da der Satellit des Mondes noch nicht verschwunden war ...'" [Beier nach: E. Cayce, Reading 509-1; 2/5/34, nach Hutton]

Hier legt Beier Wert auf die Feststellung, dass „diese Cayce- Readings sprachlich (vor allem satzbau-technisch) an ‚Körperverletzung' grenzen!!!", was wohl kaum in Abrede gestellt werden kann. Schon der Rabbi und Autor Yonassan Gershom schrieb in seinem Buch „From Ashes to Healing. Virginia Beach 1996", bezüglich einer (anderen) Stelle in den Edgar-Cayce-Readings, dass diese ein „grammatikalischer Alptraum" sei. (Vgl. Roland M. Horn: Reinkarnation. Berlin/Kleinblittersdorf 2016)

„Huttons Fragen dazu sind bezeichnend", stellt Beier weiter fest:

> „Welcher ‚Satellit des Mondes?' Wie ‚verschwand' er? Durch seinen Impakt im Mond? An welcher Stelle? War dies ein natürlicher oder ein von Menschen gemachter Satellit? Sofern er künstlich war, wozu diente er? Navigation und/oder Kommunikation? Für wen und durch wen? Waren Aliens involviert?"

Leider lässt Beier hier eine interessante Anmerkung Huttons aus, in der dieser sagt:

„Beachten Sie, dass Edgar Cayce, Amerikas genauestes und am besten dokumentiertestes Medium, etwas über außerirdische Wesen zu sagen hatte. Wie T. Kay in seinem Buch When The Comet Runs, [1997, Hampton Roads Pub. Co., Charlottesville, VA., P. 146-147.] ,schreibt:

Wenigen Leuten ist bekannt, dass Cayce zweimal von Außerirdischen sprach. In einer Lesung über die atlantische Zeit sagte er: >Die Art und Weise des Transports, die Art der Kommunikation durch die Luftschiffe dieser Zeit waren wie Ezekiel von einem viel späteren Zeitpunkt beschrieben hat.< [...] ,Als Cayce 1938 über die Erfahrungen der Menschen in der Maya-Region sprach, die Mittelamerika bewohnten, erwähnte er nebenbei: >... und es gab die Anfänge der Entfaltung des Verständnisses über jene, die aus anderen Welten oder Planeten kamen.< [...] >Es sollte angemerkt werden, dass, obwohl Edgar Cayce von UFOs und Außerirdischen gesprochen hat, er bis zu seinem Todestag nicht einmal in einer Lesung oder als ein bewusstes Individuum in Bezug auf die christliche Lehre, dass Jesus Christus der Messias war und der Weg für die gesamte Menschheit ist, wankte". (Übersetzt durch RMH)

Diese m.E. sehr interessante Anmerkung, kann uns aber freilich die Fragen, die Hutton zu dem Reading gestellt hat, *nicht* beantworten. Vermutlich war das auch der Grund dafür, warum Beier auf diese Anmerkungen keinen Wert gelegt hat. Doch kommen wir nun zum zweitem von Hutton zitiertem und von Beier übersetzten Reading, das folgendermaßen lautet:

„Vorher finden wir, dass die Entität in jenem Lande war, das als Mu bekannt war, oder als das verschwundene Land des Pazifik, des Friedvollen; während jener Perioden als viele von jenen zu Macht gelangt waren, da dort jene Ausweisungen und Vorbereitungen zur Erhaltung getroffen wurden; da sie gewusst hatten, dass das Land bald zerbrechen würde." [Beier nach: E. Cayce, Reading 630-2, nach Hutton]

Und im dritten Reading heißt es nach Beiers Übersetzung:

„Zuvor finden wir, dass die Entität sich in jenem Land aufhielt, das als Zu, oder Lemuria, oder Mu bezeichnet wurde. Dies war vor der Anwesenheit der Menschen in perfekter körperlicher Form; ehe sie, man könnte sagen, fähig dazu wurden – während jener Entwicklungen dieser Periode – innerhalb oder außerhalb des Körpers [zu sein] und materiell zu agieren. Im Geiste oder im Fleisch machten sie jene Dinge, jene Einflüsse, welche die Zerstörung brachten ..." [Beier nach: E. Cayce, Reading 436-2, nach Hutton]

Dazu stellt Beier fest:

„Wir bemerken die Kompatibilität mit den Szenarien der Theosophen und Anthroposophen", um gleich wieder Hutton zu Wort kommen zu lassen, der sagte:

„Hier haben wir einen Bezug auf eine Zeit, als Seelen direkt auf die materielle Welt einwirken konnten. Dieser Aspekt der Verweise in den Readings auf Lemuria findet seine Resonanz in dem Buch ‚Atlantis to the Latter Days' [auf Deutsch etwa: ‚Atlantis bis in die letzten Tage'; Anm. RMH]" (Hutton nach: Randall-Stevens, H., 1966, Camelot Press, London)

Randall-Stevens hielt sich Beier und Hutton zufolge, auch was den Äonen späteren Untergang Lemurias und Atlantis' angeht, weitgehend an Cayces Konzept. Ihm zufolge ereignete sich die eigentliche Zerstörung von Lemuria über eine Periode von vielen tausenden von Jahren hinweg. Sie „kam zustande als das

Ergebnis einer Serie vulkanischer Störungen, welche allmählich die Substrata unterminierten, wobei sie die Fundamente jenes Kontinents in Gefahr brachten."

Weiter schreibt Beier:

> „Der eigentliche Kataklysmus stellte für Randall-Stevens, der ebenso wie Cayce Christ war, das Ergebnis des sündigen Treibens vieler Lemurier dar. Hutton zitiert ihn dazu: ‚Das Desaster kam aufgrund der Macht zustande ... die vom Teufel und seiner Gefolgschaft [sic!; bb] ausgeübt wurde. Randall-Stevens stellt weiter fest: ›Schwarze Magie war überall, und die Lage derjenigen, die noch fest auf der Seite der göttlichen Evolution standen, war fast hoffnungslos‹ ... Während vorausgehender Perioden bekamen all jene [Lemurier], die auf Atlantis [überleben] sollten, den Befehl, sich auf jenen Kontinent zu begeben.' Randall-Stevens schreibt, dass die endgültige Vernichtung Lemurias sich vor etwa 30.000 Jahren ereignete."

Hutton synchronisiert nun, wie Beier feststellt, einzelne Cayce-Readings zu Lemuria und Atlantis:

„Der Untergang von Lemuria muss weltweite geophysikalische Konsequenzen gehabt haben. Die Datierung auf 30.000 v. d. Gegenwart stimmt mit der zweiten Zerstörungs-Periode auf Atlantis überein, als ‚in einem Großteil des Landes kleine Kanäle [entstanden].' [...]. Doch die Lektüre von Reading 364-4 scheint zu implizieren, dass das endgültige Verschwinden von Lemuria sich möglicherweise nur 10.700 Jahre vor der finalen Zerstörung von Atlantis ereignete, also vor 22.600 Jahren'."[88]

Beier zitiert weiter:

> „Die geophysikalischen Vorgänge, die Hutton hier anspricht, mögen Teil seiner empirischen Argumentation für die Historizität der Inhalte von Cayces Readings sein; der ‚Schlafende Prophet' dürfte selber eher Probleme mit einer naturwissenschaftlichen Ausdeutung seiner Trance-Protokolle gehabt haben.
>
> Dass Cayces Teminologie nicht immer (grenz-)wissenschaftlichen Ansprüchen gerecht wird, zeigt folgender Auszug, den wir ebenfalls bei Hutton entdeckt haben: ‚... die Variationen [in den spirituellen, materiellen und kommerziellen Aspekten von Atlantis; W.H.] erstrecken sich, wie wir feststellen, über eine Periode von etwa zweihunderttausend Jahren – das heißt Lichtjahren [sic!; bb] – wie sie heute bekannt sind – und dass es VIELE solche Veränderungen der Oberfläche dessen gab, was wir heute die Erde nennen.' Cayce erwähnt zudem, dass es während dieses ungeheuren Zeitraums mehrere Pol-Sprünge und -Wenden gegeben habe und dass die letzte derartige Veränderung vor etwa ‚zehntausend-siebenhundert (10.700) Lichtjahren oder Erdenjahren in ihrem derzeitigen

[88] Die Readings wurden sorgfältig mit Datum und Reading-Nr. versehen und archiviert; Anm. RMH

> Zustand erfolgte, wie er von Amilius – oder Adam – festgesetzt wurde."

Wer Derartiges ernst nähme, sagt Beier, der könne auch phantastische Romane zu historischen Quellen umdeuten. So beruft sich Hutton auch auf F.S. Olivers [...] Story von „Phylos dem Tibetaner": „Als Nächstes haben wir die Geschichte von Phylos, einem reinkarnierten Meister, die von F.S. Oliver 1883 gechannelt wurde. [...] Was auch immer man über Edgar Cayces mediale Readings denken mag, so wurde Phylos in einem davon (Nr. 364-1) als zuverlässige Quelle [sic!; bb] betrachtet. In seinem Buch spricht Phylos von einem früheren Leben auf Lemuria. Er beschreibt ‚seltsame kleine Pferde, die drei Zehen an jedem Fuß und hohe Schultern haben', ein ‚großes Haus, das aus Stein gebaut ist', und einen dunklen, braunhäutigen Mann, ‚mit krallenartigen Händen'. Solche Informationen indizieren eine frühestens spät-miozäne Zeit – bis zu neun Millionen Jahre her – und einer früheren Menschenrasse."

Beier resümiert:

> „Erneut muss auffallen, dass der Esoteriker und Cayce-Anhänger Hutton um eine wissenschaftlich nachvollziehbare Auslegung der Cayce-Readings sowie korrespondierender, übersinnlicher und okkulter, ‚Informationen' bemüht ist. Tatsächlich ignorieren oder verneinen keineswegs alle Esoteriker die Möglichkeit und Notwendigkeit rationaler Beweisführung in der Atlantis- und Lemuria-Forschung. Bisweilen wird sogar geradezu die Synthese esoterischer und naturwissenschaftlicher Elemente [...] Dabei können einzelne Autoren – wie Hutton, bei dem es sich immerhin um einen professionellen Geologen handelt! – bisweilen höchst interessante Hinweise,

Indizien und Evidenzen in den Diskurs um versunkene Landmassen im Atlantik und Pazifik einbringen. Im Großen und Ganzen jedoch hat die okkult/esoterische Suche nach Atlantis und Lemuria - wie zu zeigen war – empirischer und naturwissenschaftlich orientierter Forschung kaum etwas zu bieten."

Gerade zu Cayce möchte ich aber anmerken, dass sich in vielen Fällen Teile seiner „alten Geographie" ganz unerwarteter Weise bestätigt haben, wie ich in meinem Buch „Erinnerungen an Atlantis" (Lübeck 1999) und insbesondere in meinem bereits erwähnten Buch „Atlantis – Alter Mythos – Neue Beweise" bewiesen habe. Außerdem gingen einige von ihnen während seiner Trance gemachten Prophezeiungen zweifellos in Erfüllung (s. dazu auch: Horn, Roland, M: Das Erbe von Atlantis. Suhl 1997 und in überarbeiteter Form Lübeck 2001). Dabei muss allerdings auch zugegeben werden, dass es etliche von Cayce ausgesprochene Aussagen gibt, die sich als unkorrekt erwiesen haben. Trotzdem war seine Trefferquote vergleichsweise groß.

Was Cayce mit dem Begriff „Lichtjahre" meinte, ist mir auch nicht erklärlich, zumal es sich bei diesem Begriff in der heutigen Verwendung um ein Entfernungs- und kein Zeitmaß darstellt. Cayces „Lichtjahren oder Erdenjahren" im Reading lässt allerdings die Frage offen, ob *wirklich* Lichtjahre im heutigen Sinn gemeint sind.

Weiter ist noch zu ergänzen, dass Hutton *kein* Esoteriker, sondern gläubiger Christ war.

Zum Abschluss dieses Komplexes und Kapitels möchte ich noch kurz auf den recht neuen Begriff „Geosophie" eingehen, der von dem Geologen Heinrich Kruparz in seinem Buch „Atlantis und Lemuria" (Gnas 2009) als ein Versuch Geologie mit theosophischen und anthroposophischen (und auch einigen Gesichtspunkten aus den Cayce-Readings) Aspekten in Einklang zu bringen, eingeführt wurde. Da seine Quellen jedoch im Großen und Ganzen hier schon betrachtet wurden, ist m. E. eine nähere Betrachtung seiner Aussagen zu Lemuria und „Rutas Mu" an dieser Stelle nicht notwendig.

DAS KASSKARA DER HOPI

Die Überlieferungen der Hopi, die wir bereits angeschnitten haben, berichten von einem einstigen riesigen Kontinent namens Kasskara, der im Pazifik gelegen haben und die frühere Heimat der Hopis gewesen sein soll. Dort seien sie von Lehrmeistern, den Kachinas, unterrichtet worden, die auf fliegenden Schilden reisten. Von heute lebenden Hopis und dem ehemaligen NASA-Ingenieur J. F. Blumrich (Kasskara und die sieben Welten. München 1985) werden diese Kachinas als Außerirdische gedeutet, die vom „Bund der 12 Planeten" kämen. Parallel dazu soll es eine kleinere Insel gegeben haben, deren Bewohner sehr kriegerisch waren und die etwa dort gelegen haben soll, wo Plato Atlantis gesehen hat, nämlich im Atlantik. Vor bereits 80.000 Jahren soll dieses Talawaichiqua auf einem Schlag ins Meer versunken sein, während Kasskara langsam unterging.

Es gibt eine ganze Reihe von Erzählungen, die uns von den Hopis überliefert wurden. Sie berichten von sieben Welten, von denen Kasskara die dritte darstellt. In der ersten Welt habe die Gottheit Taiowa, die „in der Höhe wohnt", den Menschen erschaffen. Und diese erste Welt soll durch Feuer zerstört worden sein, weil der Mensch „böse geworden" sei. Doch diejenigen, die später die Hopis werden sollen, hätten diese Zerstörung überlebt.

Die zweite Welt, Topka, wurde durch Eis zerstört. Im Zusammenhang mit Topka erinnern sich die Hopis an ein Phänomen, das mit einer Veränderung der Pole zu tun zu haben scheint:

- „Man sagt bei uns auch, dass die Erde einige Male umgekippt sei. Ich meine, dass der Nordpol dort war, wo jetzt der Südpol ist, und umgekehrt..."

- „Die Erde ist dabei jedes Mal vollständig von Norden nach Süden gekippt und nicht etwa nur zur Hälfte, denn dabei wäre zu viel Schaden entstanden, und das war nicht die Absicht des Schöpfers."

- „In Topka, der zweiten Welt, kippte die Erde zur Hälfte, und alles ist erfroren."

  (Alle drei Zitate: Andersen, Hans J.: Polsprung und Sintflut. Bochum 1992, S. 76)

Der Autor Hans J. Andersen versteht unter dem Begriff Polwende eine Katastrophe, bei der, durch elektrische Phänomene von „außen" ausgelöst, die Erdkruste „verrutscht", so dass letztlich die südliche Hemisphäre unter dem Nordhimmel zu liegen kommt und umgekehrt. Bei einem „halben Kippen" käme die Äquatorregion unter einem Pol zu liegen, und in dieser Weise könnte Anderson zufolge Topka erfroren sein.

Andersen schreibt:

> „Als sie [die Vorfahren der Hopis; Anm. RMH] sicher unter der Erde waren, befahl Sethuknang, der Schöpfergott den beiden Zwillingen..., ihre Posten an dem Nord- und Südende der Weltachse zu verlassen, wo sie aufgestellt worden waren, um die Erde im richtigen Umlauf zu halten. Die Zwillinge hatten kaum ihre Posten verlassen, als die Welt, die niemand mehr überwachte, aus dem Gleichgewicht kam, wie trunken umhertaumelte und sich zweimal überschlug. Berge stürzten mit grellem Klatschen in die Meere, Meere und Seen überfluteten das Land, und als die Welt durch den kalten, leblosen Raum wirbelte, gefror sie zu festem Eis." (Ebd.)

Strandlinien auf den Anden in einer Höhe von ca. 3.800 Kilometern, die sich über etliche 100 Kilometer verfolgen lassen, werden von Andersen dahingehend gedeutet, dass Südamerika – „Topka" – während der letzten Eiszeit unter Wasser lag, also entweder überflutet wurde oder abgesunken war!

Das Volk der Hopis überlebte jedenfalls wieder und kam in die Dritte Welt, die Kasskara war. Während der Zeit, als Kasskara über Wasser lag, lag Amerika nach der Hopi-Überlieferung unter Wasser, und während Amerika allmählich auftauchte, ging Kasskara langsam unter. Die Bewohner von Kasskara sollen, wie jene von Talawaichiqua, sehr hohe Kenntnisse technischer und wissenschaftlicher Art gehabt haben, wobei die Kasskara-Bewohner sie nur zu guten Zwecken, die Talawaichiquianer aber auch zu kriegerischen Zwecken verwendet haben sollen. Sie, die Hopis, waren Pazifisten, und sie hatten einen „Schutzschild", ohne dass dessen Funktionsweise näher beschrieben wird. Da die Bewohner von Talawaichiqua „schuldiger" waren als die von Kasskara, ging die Zerstörung dieser Insel plötzlich vonstatten, während die von Kasskara langsam vor sich ging.

Schon seit der ersten Welt seien die „Kachinas" mit den Hopis in Verbindung gestanden, die „hohe, geachtete Wissende" gewesen sein sollen. Sie können unsichtbar sein; und sie kommen nach Blumrichs Kontaktperson aus dem Weltraum, genauer gesagt von einem weit entfernten Planeten – aus einem „Bund der 12 Planeten". Deren Schiffe seien mit Magnetkraft geflogen, wenn sie die Erde umrundet haben. Über den Kachinas hätten noch die Gottheiten gestanden, und über allen steht der Schöpfer. Es soll drei Arten von Kachinas geben: Die einen haben mit dem Fortbestand des Lebens zu tun, die zweiten sind Lehrer, und die dritten sind Hüter des Gesetzes. Es wird betont, dass die Kachinas körperliche Wesen waren, die Fluggeräte, sogenannte

Fliegende Schilde, brauchten, um sich in der Luft fortzubewegen. Diese werden als untertassenförmig beschrieben. Auch einige Kasskarianer sollen in solchen „Fliegenden Schilden“ mitgeflogen sein.

Während des Untergangs von Kasskara sind die Bewohner nacheinander in das auftauchende Amerika ausgewandert, das ursprünglich die zweite Welt, Topka, war und als Toowakachi, die vierte Welt, nun wieder auftauchte.

Aufgrund der Beschreibung der Lage dieses „Kasskara“ ist anzunehmen, dass auch sie aus Erinnerungen an den versunkenen Kontinent „Mu“, bzw. „Lemuria“ entstand. Was gewisse Details betrifft, so düften jene sich im Rahmen der Überlieferungskette verändert haben und so „phantastische“ Einzelheiten hinzugekommen sein.

Auch in der Nähe des Südpols werden übrigens angeblich versunkene Kontintinente verortet.

EHEMALIGE KULTUREN IN SÜDPOLNÄHE?

In der Zeitung „The Witchita daily Eagle" vom Sonntagmorgen, dem 18. November 1883, ist Folgendes zu lesen:

„Die Theorie von Antipodea, von der angenommen wird, dass sie in der Antarktischen See versunken ist.

Mr. H. O. Forbes, auf den die ehemalige Existenz dieses Kontinents zurückzuführen ist, schlägt vor, ihn Antipodea zu nennen. Er stützt seinen Glauben an diesen uralten und jetzt versunkenen Kontinent auf die Existenz von verwandten Arten von flügellosen Vögeln in den Mauritius- und den Chatham-Inseln.

Wenn Geologen seltsame Tierarten finden, die weit entfernt sind von kontinentalem Land oder zu anderen kontinentalen Inseln oder weit entfernten Inseln, werden sie zu dem Schluss geführt, dass in früheren Zeiten eine Landverbindung zwischen den fraglichen Kontinenten und Inseln existiert haben müsse. Doch die Idee, von die nun in diesem besonderen Fall gedacht wird, neu zu sein, ist an sich nicht neu.

Zwei andere angenommene verlorenen Kontinente wurden berühmt. Der erste ist Atlantis, die Geschichte, die durch Plato bekannt wurde, ein Land von Fruchtbarkeit, Fülle und Zivilisation, die nun der Legende zufolge auf dem Boden des Atlantischen Ozeans liegt.

Der andere verlorene Kontinent ist eine Erfindung oder eine Schlussfolgerung der modernen Wissenschaft. Er wird Lemuria genannt, und von ihm wird geglaubt, dass er im Indischen Ozean gelegen hätte. Von den Inseln Mauritius, Madagaskar, Bourbon, Rodrigues und Seychellen wird geglaubt, dass sie Überbleibsel dieses verlorenen Kontinentes

> seien, die immer noch über das Wasser herausragen. Einigen deutschen Gelehrten zufolge stammt der Mensch selbst aus Lemuria anstelle von Asien.
>
> Antipodea wurde, wenn es jemals existiert hat, um beinahe dem halben Umfang des Erdballs von Lemuria abgetrennt, und die Chatham- und die Mauritius-Inseln sind Überbleibsel davon. Quer über die große Strecke zwischen den Chatham- und den Mauritius-Inseln wird argumentiert, dass die nicht flugfähigen Vögel, deren Knochen an beiden Orten gefunden wurden, diesen Weg nicht zurückgelegt haben können. Es gibt andere Besonderheiten in der Verteilung des Lebens auf der südlichen Halbinsel, die von manchen geltend gemacht werden und nur unter der Annahme erklärt werden können, dass solch ein Kontinent wie Antipodea einst über den Wassern der Antarktischen See herausragte."

Besonders interessant ist dabei zu hören, dass zu der Zeit, aus der der Artikel stammt, davon ausgegangen wurde, dass der Mensch aus Asien stamme, anstatt, wie heute behauptet, aus Afrika. Hier wird von Churchwards Annahme ausgegangen, dass Lemuria im Indischen Ozean lag und Antipodea eine Abspaltung desselben gewesen sei. Dies deckt sich erstaunlicherweise mit den im Kapitel „Überreste von Lemuria auf Mauritius" angesprochenen Funden!

So gesehen steht infrage, ob es einst vielleicht „zwei Lemurias" gab, eines im Indischen Ozean bzw. im Süden des Indik und eines im Pazifik (das besser als „Mu" bezeichnet werden sollte, auch wenn der Name nicht so romantisch klingt wie „Lemuria") oder aber ein länderübergreifendes Mu/Lemuria, das sich vom Indischen Ozean bis zum Pazifik erstreckte – dabei müssten allerdings Teile von Asien zu Lemuria gehört haben. Und die besitzen ja ohne Zweifel eine Kontinentalkruste ...

RESÜMEE

Ich denke, wir dürften genug Beweise vorgelegt haben, um guten Gewissens behaupten zu können, dass Lemuria – oder vielleicht besser Mu – tatsächlich existiert hat.

Otto Mucks Idee, dass sich nach dem Einfang des Mondes nach seinem Szenario eine „Basaltbeule von Kontinentalgröße" im Pazifik gebildet hat, besticht. Nur auf die Idee, dass diese „Beule" einst von Menschen besiedelt worden sein konnte, die zu den Überlieferungen vom Kontinent Mu führte, kam er nicht; möglicherweise, weil er als Aktualist und dem wissenschaftlichen Mainstream nahestehender Geologie-Experte gar nicht auf diese Idee kommen *konnte*, dass Menschen auf diesem „Basaltgebilde" gelebt haben können, denn er datiert den Mondeinfang auf das Ende der Erdaltzeit, also des Paläozoikums, d. h. auf ungefähr 250 Millionen Jahre vor heute. Nach Mainstreamdarstellung entwickelte sich der Mensch erst vor zwei Millionen Jahren in Ostafrika. Dieses Dogma steht aber, wie wir gesehen haben, auf wackligen Beinen, und eine Verschiebung des Erscheinens des Menschen in der Zeit nach hinten ist trotz wissenschaftlichem Dogma mehr als denkbar. Es gibt Hinweise darauf, dass der Mensch bereits mit den Dinosauriern zusammengelebt haben könnte, wie ich in meinem Buch „Rätselhafte & Phantastische Formen des Lebens – Von Vampiren, Mottenmännern, Seeschlangen, Geisterhunden, Yetis, Drachen und Chupacabra (Bohmeier Verlag, Lübeck 2002) in aller Ausführlichkeit belege. Dazu kommt, dass die „Mucksche Beule" (Beachten Sie bitte die ersten beiden Buchstaben in diesem Begriff zusammengenommen: hier haben wir ein schönes Wortspiel!) ja nicht von Anfang an von Menschen besiedelt war, sondern dass es sicherlich eine Weile („Weile" im geologischen Sinn, der sehr große und nicht selten Zeiträume von Millionen von Jahren voraussetzt) dauerte, bis der Mensch entweder dort entstanden oder hingelangt ist.

So einleuchtend diese Idee auch sein mag, und trotz der „Freude" über den Umstand, dass letztlich ich es war, der auf diese Idee gekommen ist, kann diese These die Rätsel um Mu bzw. (oder und?) Lemuria nicht restlos erklären, denn wir haben ja noch die deutlichen Hinweise auf versunkene *kontinentale* Landmassen im *südwestlichen* Pazifik. Dies müsste dann eine eigenständige Landmasse gewesen sein, denn Mucks Basaltgebilde wird ja im *südöstlichen* Pazifik verortet. Es könnte sich dabei also um ein separates „zweites Mu" gehandelt haben, das beispielsweise infolge eines Planetoideneinschlags versunken ist; dazu müssten allerdings eine Reihe von Ereignissen hintereinander abgelaufen sein, wie das es nach Muck beim Untergang von Atlantis, den er ja als „zweite irreguläre Katastrophe" (nach dem Mondeinfang und seinen Folgen) bezeichnet, der Fall war (s. hierzu Horn, Roland M.: „Otto Muck und ‚Die Welt vor der Sintflut'" auf

https://www.atlantisforschung.de/index.php?title=Otto_Muck_und_%E2%80%9EDie_Welt_vor_der_Sintflut%E2%80%9C .

Dann haben wir aber noch das Problem hinsichtlich Hawaiis, das ja eher im *Nord*pazifik liegt und der Marquesas, die knapp südlic vom Äquators gelegen sind. Wie wir gehört haben – und wie ich in meinem genannten Buch „Atlantis – Alte Fakten – Neue Beweise" mit anderen Fakten unterfüttere – müssen Hawaii, die Marquesas und die fraglichen Gebiete im Südpazifik miteinander verbunden gewesen sein. Hing also doch vielleicht alles zusammen? Wenn ja, dann muss es sich, zumindest zum Teil, um Kontinentalmasse gehandelt haben, von der die „Mucksche Beule" möglicherweise ein Teil war und die fast den gesamten pazifischen Ozean ausgefüllt hat!

Und mehr noch: Im Indischen Ozean haben wir ja auch, obwohl eine Landbrücke zur Erklärung der Verbreitung der Lemuren nicht mehr gebraucht wird, versunkenes Land. Also doch ein von Mu unabhängiges Lemuria? Immerhin wird, wie wir gesehen haben, sogar von wissenschaftlicher Seite eine ehemalige Landmasse aus *kontinentaler* Erdkruste um Mauritius nahegelegt, so dass es sich auch hier um einen *regulären* (Mikro-)Kontinent – einen Mikrokontinent legt zumindest die Studie nahe, während im Spiegel gleich von einem „Kontinent" die Rede ist – bzw. eine Großinsel gehandelt haben *muss*. *Noch* eine Landmasse mit kontinentaler Kruste, die durch einen weiteren „Ausnahmefall" untergegangen ist? Oder waren Mu und Lemuria tatsächlich *ein* zusammenhängender Kontinent, der sich über Teile Asiens und ganz Australien hinweg über den Indischen *und* den Pazifischen Ozean gezogen und der auch Indonesien miteingeschlossen hat? Ein Riesenkontinent, der sukzessiv überschwemmt wurde, wie es heute noch in Indonesien der Fall ist? Interessanterweise finden wir weitere Hinweise auf eine derartige Möglichkeit nur bei den Esoterikern.

Der bei Mauritius gemachte Fund lässt darauf schließen, dass es in den Weltmeeren noch mehr Landmassen aus kontinentaler Kruste gibt, die fälschlicherweise als „Vulkaninseln" (nur auf ozeanischer Kruste liegende Eilande) eingestuft wurden. Und wenn dem so ist, müssen wir uns zum Ersten fragen, ob wir nicht über die Richtigkeit des Dogmas von der „Beständigkeit des Ozeans" („Einmal ein Ozean – immer ein Ozean") – ernsthaft nachdenken müssen und zweitens, ob der Aktualismus nicht tatsächlich zu viele „Ausnahmen" enthält, um ihn grundsätzlich als „richtig" dastehen lassen zu können oder ob vielleicht nicht doch die Vertreter des Katastrophismus die besseren Argumente auf ihrer Seite haben ...

DIE UFO FALLAKTEN

ISBN:978-3387249-388-

Deutschland und Mitteleuropa sind seit Jahrzehnten ein Hot-Spot unheimlicher Himmelserscheinungen. Im ersten Teil seiner interessanten Ausführungen berichtet der Autor Roland M. Horn über rätselhafte Sichtungen der letzten Jahre. Im zweiten Teil geht er auf ein Phänomen ein. welches speziell den amerikanischen Kontinent betrifft, die Entführung von Personen durch Außerirdische. Ebenso eindringlich wie einfühlsam schildert der Autor das Leid der Opfer, das Unverständnis der Mitmenschen und die Hilflosigkeit von Ärzten und Behörden. Es bleibt die Erkenntnis, dass das UFO-Phänomen immer noch viel mehr Unerklärliches zu bieten hat als Viele es für möglich halten.

...UFO-SICHTUNGEN & UFO-ENTFÜHRUNGSFÄLLE

WAS STECKT DAHINTER ...